Cosima Carl :

AF670575

Georges, der Bäcker, der ein Lehrer war

An was sich Georges
mit seinen bald über 75 Jahren erinnert.

ISBN 9789403677583

Anthologie

Autorin **Carl, Cosima**
Titel **Georges, der Bäcker,**
der ein Lehrer war
An was sich Georges
mit seinen bald über 75 Jahren erinnert.
/ Cosima Carl - Aalen, Mulhouse
Verlag Edition **EdS**, Aalen
Vertrieb Bookmundo, Rotterdam
2. Auflage,
2023
Taschenbuch, 180 Seiten,
12 x 19 cm² Offset
ISBN 9789403677583
Einband Softcover
Preis EUR 12,50
Sprache Deutsch (ger)
830 Deutsche Literatur ; B Belletristik
Erzählende Literatur / Humor, Satire

Außerdem erschien bei **EdS**
Das Tagebuch der Cosima C.
Mein privates Zeit-Dokument
Zugehörige Bände

1. Die junge Angestellte **EdS**, 2020
2. Die junge Mutter **EdS**, 2020
3. Eine neue Generation **EdS**, 2020
4. Der schwarze Schwan **EdS**, 2021
5. Die Hoffnung **EdS**, 2021
6. Die Zuversicht **EdS**, 2022
7. Plötzlich Krieg! **EdS**, 2023

Bildquellen **EdS**, Aalen

Cosima Carl :

Georges, der Bäcker, der ein Lehrer war

Ein privates Zeitdokument

mein Buch
Osiander.bookmundo.de/CosimaCarl

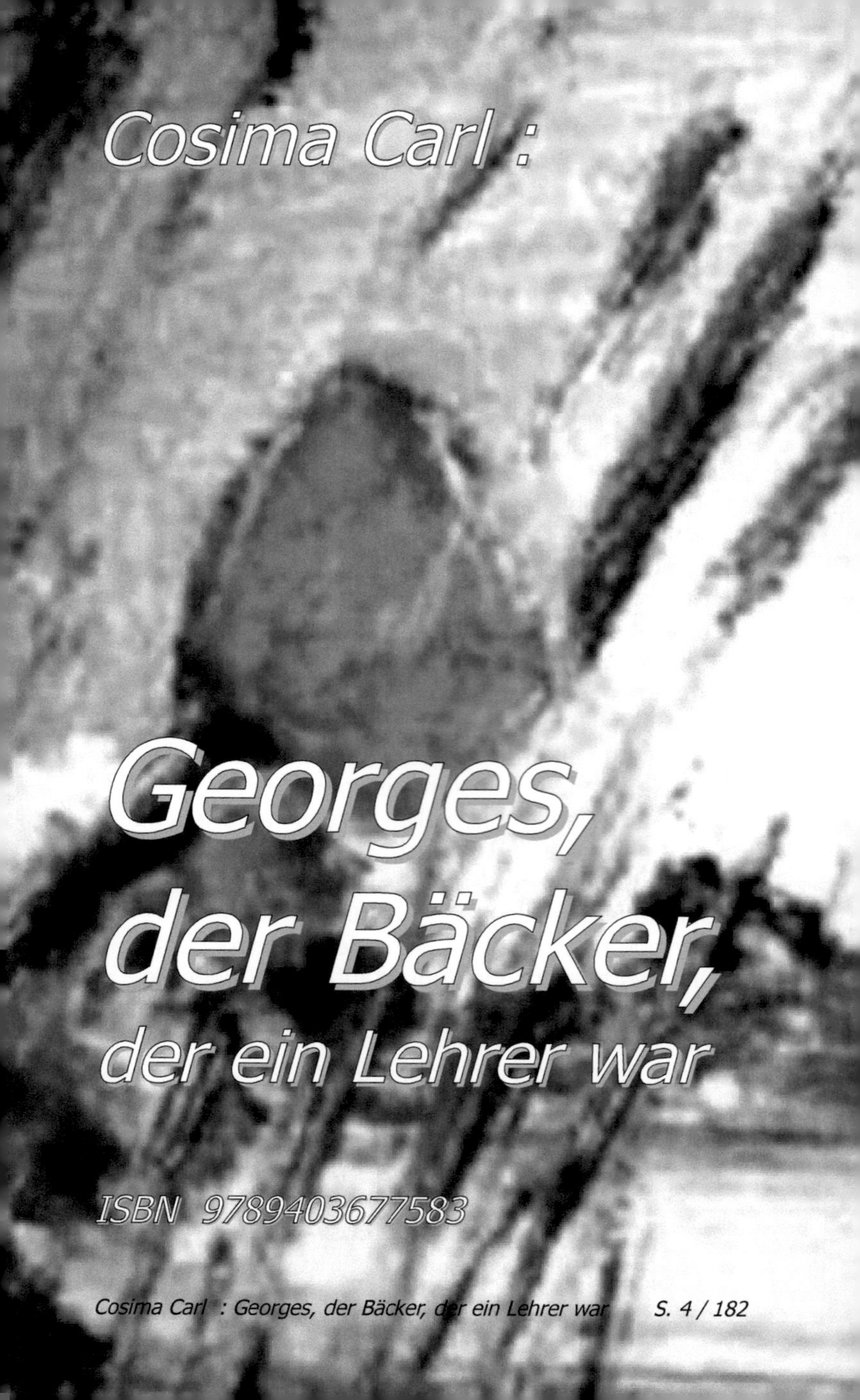

Cosima Carl :

Georges, der Bäcker, der ein Lehrer war

ISBN 9789403677583

Inhaltsverzeichnis

Titelbild

Landschaft
Bildausschnitt

Bildquellen **EdS**, *Aalen*

Wichtige Namen

Alfons	*'Der Alfons vom Unteren Rechten Hof'* - Einer der Wenigen, die in der Stadt arbeiteten. Er war schon damals Landwirt im Nebenerwerb.
'Silberbauer'	Hausname eines der Höfe im Dorf, *'Der geizige Silberbauer'*
Josef	*'Der Josef vom Oberen Rechten Hof'* Georges Großvater
	Brauner, Zug- und Rücke-Pferd
	Carlos, Hofhund
Tatie Marie	Georges Lieblingspatin
	Charles, Tante Maries Hofhund
Georges	der Bäcker, der ein Lehrer war, *Pauls* Vater, *Leonies* Schwiegervater, Opa von *Leo Paul*
Paul	Bäckermeister im 'Dreiecksland' Alsace, der jüngste Sohn von *Georges,* verheiratet mit *Leonie,* Papa von *Leo Paul*
Leonie	Ehefrau von *Paul* dem Bäckermeister, Mama von *Leo Paul*
Leo Paul	Söhnchen von Leonie und Paul dem Bäcker
Cosima	Kundin von *Leonie* und *Paul,* Autorin und Lektorin
ABG	Das ehemalige *Aufbaugymnasium* ist seit 1993 Bildungszentrum der OFD Karlsruhe

'Namen' aus Datenschutz-Gründen geändert.

Georges Memoiren

Georges erzählt, aus seinem Blickwinkel, an was er sich in seinen bald über 75 Jahren erinnert. Auf Anraten seiner Frau schrieb er seine Geschichte(n) so nach und nach auf.

„Mein älterer Bruder, der den Bäckerbetrieb im Donautal erbte, begrüßt das," vermutet lachend Paul, Georges Jüngster. „Dann ist der Senior beschäftigt und redet meinem Bruder nicht mehr sooft im Tagesgeschäft drein."

Georges Frau tippte Georges Memoiren heimlich ab und schickte diese ihrer Schwiegertochter Leonie ins 'Dreiecksland'. Leo Paul, der Kleine von Leonie, und die anderen Enkel, sollen später je einen Band bekommen.

Leonie erhielt wieder ein Teil von Georges Memoiren.
Und wieder bat mich Leonie:
„Mein Deutsch ist nicht so gut. Cosima, wärst Du bitte wieder so nett und würdest Korrektur lesen?"

Demnächst hat Georges einen runden Geburtstag.
Bis dahin soll das Büchlein fertig sein.

Georges, ich hoffe Dir, den Deinen
und allen anderen Lesern gefallen Deine Memoiren!
Alles Gute!

Cosima Carl

Es war einmal...

Es war einmal ein Junge. Geboren wurde er in der 'schlechten Zeit' nach dem 2. Weltkrieg auf dem Hof seines Großvaters in einem kaum 100 Einwohner zählendem Weiler, der nur eine kleine Kapelle sein eigen nannte.
Zum sonntäglichen Kirchgang musste man dort vier Kilometer über Land. Die Zeiten waren noch unsicher und der Winter besonders kalt. Der Junge sollte möglichst rasch getauft werden.
Der Großvater meinte, dass es einfacher und sicherer wäre, wenn statt der ganzen Taufgesellschaft nur eine Person über Land reise: Der Pfarrer.
Der Großvater bestand darauf.
Der Pfarrer musste nolens volens mit der Kutsche anreisen und die Taufe fand ausnahmsweise in der Kapelle des Weilers statt.

Als es wärmer wurde lag der Kleine in einem Wäschekorb, der bei schönem Wetter in den Schatten eines mächtigen Walnussbaums gestellt wurde.
Alle wussten ihn wohl behütet, denn der Hofhund Carlos, ein Schäferhundmischling, passte auf ihn auf, als wäre es sein Zögling.

Als der Kleine krabbeln konnte und sich an allem, auch an Carlos Fell hochzog, passte Carlos auf, dass der Junge nicht auf die Straße geriet. Der Kleine konnte schieben und machen was er wollte, Carlos stellte sich quer und verwehrte ihm den Weg auf die Straße. Notfalls schubste er den Kleinen sanft und der Junge saß auf seinem Po. Die Leute auf dem Hof bemerkten bald, dass Carlos seinen Schützling sowohl von der Egge als auch dem Bach konsequent abdrängte und auch aufdringliche Fremde fernhielt.

Das Dorf

Von klein auf und später, selbst während seiner Realschulzeit, war Georges in fast allen Ferien bei seinem Großvater auf dem Dorf 'zuhause'.

Zwei lange Seitentäler liefen vor einem Damm am südlichen Dorfanfang zusammen. Von der ehemaligen Dorfmühle im Besitz eines Klosters waren nur noch Mauerreste und der etwas 1,20m breite gemauerte Durchlass für das unterschlächtige Mühlrad vorhanden. Das Mühlrad fehlte.

Auch die Steine der Mühle hatten seit der Säkularisation 1803 längst eine andere Verwendung gefunden.
Selbst die Zehntscheuer war dem Verfall preisgegeben. Sie bot der Dorfjugend alte Balken und anderes Holz für den Bau von 'Burgen'.

Besonders in trockenen Sommern versiegten viele Hof-eigene Brunnen. In Württemberg wurde ab 1869 durch allerhöchste Entscheidung seiner Majestät die Aufbau von Wasserversorgungsanlagen gefördert.

Nach den guten Erfahrungen, mit der Wasserversorgung auf der Schwäbischen Alb, beschloss die Dorfgemeinschaft Quellen oberhalb des Dorfes zu fassen und selbst Wasserleitungen für alle Höfe im Dorf und den Dorfbrunnen zu bauen.

In Gemeinschaftsarbeit entstanden drei Brunnenstuben im Süden, im Norden und im Westen des Dorfes.
Jeweils darum herum wurde je ein 'Bannwald' angepflanzt. Wasserleitungen versorgten die Höfe und den Dorfbrunnen.

Für die Wasserversorgung hatte die Dorfgemeinschaft die Allmende bereits so umgelegt, dass jede Quellfassung im 'Bannwald' lag. Diese Bannwälder und das Grundstück um die Dorfkapelle blieben Gemeinschaftseigentum.

Die durch Erbteilung nach 1803 zerstückelten Felder, Wiesen und Wäldchen waren für Jeden ein Ärgernis. Oft genug kam man nur über Felder des Nachbarn aufs eigene Grundstück.

Als im Dorf 1920 die erste Flurbereinigung erfolgen sollte, war die Überraschung beim Landwirtschaftsamt groß: Die meisten Felder waren gegen Wertausgleich bereits zusammengelegt oder gegenseitig so verpachtet, dass leicht zu bewirtschaftende Flächen entstanden waren. Mit Ausnahme vom alten Vogthof und dem 'Silberbauer' beteiligten sich alle Bauern an dieser Zusammenlegung.

Bestimmend im Dorf waren weder die Nachfolger des großen Vogthofes, noch Wirt, Wagner oder Schmied. Die Geschicke des Dorfes wurden von den zwei kleinen 'Rechten Höfen' am südlichen und nördlichen Dorfeingang bestimmt. Georges erinnert sich lebhaft daran.

Die Bauern nutzten viele Maschinen, wie den Mähbinder, bereits gemeinsam. Eines Tages kam der Landmaschinenhändler und zeigte den Bauern den ersten Mähdrescher. Die Bauern waren begeistert.
Der 'Silberbauer' überschlug sich gar vor Begeisterung, als er hörte, dass statt ihm ein Fahrer des Maschinenrings dreschen sollte. Ein Bauer des Dorfs wandte sich Rat suchend zu den Bauern der 'Rechten Höfe' um:

"Alfons, und Josef was meint Ihr?"
"Mmh. Das muss gut überlegt sein," meinte Alfons.

"Lasst es erst die anderen Dörfer ausprobieren...," antwortete Josef. Und so geschah es, zum Leidwesen des Landmaschinenhändlers, auch.

Bei der nächsten Flurbereinigung erging es den Fachleuten kaum besser:
Das Dorf und die ehrenamtlichen Mitglieder des Ausschusses stimmten gegen eine Umlegung im eigentlichen Sinn.
Nur die wenigen Flächen, von denen Teile für bessere Straßen benötigt wurden, waren danach betroffen.

Der Herr hat geholfen...

Unterhalb vom Hof verließ der schmale Dorfbach durch ein enges Tal das Dorf. Dort führte seit Menschengedenken eine Furt, durch den Bach, zu den Feldern auf der anderen Talseite.

Mit den Geldern der Flurbereinigung wurden neben den beiden Kreisstraßen auch die Feldwege saniert. Für die Furt waren sechs Meter-Rohre, also drei parallele Durchlässe, und darüber ein hoher Damm vorgesehen. Der 'Silberbauer' sagte zu den Bauarbeitern und deren Capo, dass bei dem "Bächle" ein Rohr mit einem Meter Durchmesser vollauf genüge. Ein zweites wäre schon Luxus. Dem Capo war das lieb, denn so konnte er drei Rohre statt zwei hintereinander als Unterbau für den Damm verwenden. Die so entstandenen Durchlässe waren in der Höhe um einen halben Meter versetzt: Das unterste Meter-Rohr befand sich auf der Talsohle des Bachbetts. Das zweite etwas höher.

Bei der ehemaligen Zehntscheuer und beim aufgelassenen Ausgeding vom 'Silberbauer' lagen Balken, Bretter, Fensterläden und alte Türen. Die Dorfjugend stellte eine alte Tür vor das untere Rohr. Der so aufgestaute Bach eignete sich hervorragend für Flöße. Dort lernte die Dorfjugend das Schwimmen.
Was sollte auch passieren?
Notfalls konnte man im so aufgestauten Bach überall stehen. Das zweite Rohr fungierte als Überlauf.

Eines Tages war ein Gewitter südwestlich vom Dorf. Eiligst wurden vom Opa und seinen Leuten drei Wagen beladen und die Garben heimgefahren. Zwei Wagen passten, wenn man etwas rangierte, gerade so in die Scheune.

Der dritte Wagen fand genau unter dem Vordach Platz und wurde nach Westen mit einer Plane abgedeckt. Gerade noch rechtzeitig. Es begann wie aus Kübeln zu schütten. Das Gewitter kam zurück und blieb südwestlich vom Dorf 'hängen'.
"Glück gehabt."

Als man zufrieden zum Abendessen gehen wollte, begann die Glocke in der Kapelle 'Sturm' zu läuten.
"Was soll das?"
"Hochwasser im unteren Dorf!"

Die braune Brühe schwappte bereits von außen in den Dorfbrunnen und schickte ich gerade an auch die letzte Stufe und die Schwelle vor der Kapelle zu überfluten.

Beim 'Silberbauern' stand das Wasser meterhoch im Flur.
"So etwas gab s noch nie!"

Die Frauen im Dorf begannen zu beten. Und wie von Zauberhand verschwand das Hochwasser...
Die Gläubigen waren sich einig: *"Der Herr hat geholfen."*

Unterhalb vom Hof verlässt der schmale Dorfbach durch ein enges Tal das Dorf. Das Jahrtausend-Hochwasser war mit dem neuen Damm verschwunden.

Offenbar hatte sich die dort aufgestellte Tür am Türgriff im Rohr so verhängt, dass auch das zweite Rohr verdeckt war. Der neue Damm wurde überflutet und hat der Strömung und dem hohen Wasserdruck nicht standgehalten.
Und damit verschwand auch das 'Dorf-Bädle'.
Dort führt nun wie seit Menschengedenken zu den Feldern auf der anderen Talseite eine Furt durch den Bach...

Eichhörnchen mögen Nüsse

Das etwas wärmere Klima im Tal des Dorfbachs ermöglicht das Wachsen von Walnüssen. So hatte fast jeder Hof im Dorf mindestens einen Walnussbaum.
Als Hecken nach Westen und auf den Westseiten der 'Bannwälder' waren Haselnüsse gepflanzt worden.

Die Hütejungen und damit auch Georges, war als Kühe hütender Enkel, den ganzen Tag über, bis zum 'Gebet läuten' abends, draußen.
Es war ungeschriebenes Recht der Hütejungen, dass sie sich einige Kartoffeln ausbuddeln und als 'warme Mahlzeit' braten durften. Aber die Kartoffeln mussten 'sauber', also jede angefangene Staude vollständig abgeräumt werden.

Die Jungs taten das gern. Zumal sie am Ende jeder Woche ihr Taschengeld bekamen und an Erntedank für ihre Dienste bezahlt wurden. Nicht übermäßig viel. Aber immerhin.
Nur der Kühe hütende Enkel bekam – nichts, außer Kost und Logis. Er empfand das als ungerecht. Nach einigem Hin und Her erstritt er sich 50 Pfennig pro Woche.

Dem 'Silberbauern' konnte es Keiner recht machen.
An allen und an allem hatte er etwas auszusetzen.
Um auch den kargen Lohn für die armen Hütejungen zu sparen, kaufte sich der 'Silberbauer' eines Tages einen Weidezaun. Dies erboste die Hütejungen.

Meist war es kaum Mittag, da stand das Vieh des 'Silberbauern' vor seinem Stall. Er trieb es fluchend wieder hinaus und kontrollierte den Weidezaun.
Offenbar hatte er vergessen den Strom einzuschalten.

Ein anderes Mal hatte die Leitkuh den Zaun niedergetrampelt und die blöde Viehherde stand schon wieder im Hof. Immer wieder fuhr er mit seinem Traktor hinaus und kontrollierte notgedrungen den Weidezaun. Als der 'Silberbauer' wieder auf seinen Traktor steigen wollte, traf ihn ein Stromschlag.
Sein Nachbar grinste: *"Ich würd halt net so nah an meinen eigenen Weidezaun hinfahren."*
Manchmal spielte die Leitkuh und seine Herde auch verrückt und nahm den Weidezaun 'auf die Hörner'.

Nun verdächtigte der 'Silberbauer' Jede und Jeden.
Die Hütejungen wussten nie, ob und wo der 'Silberbauer' auf der Lauer lag. So zogen sie bei seinen Kartoffeläckern nur das Kraut heraus, klaubten rasch die größten Kartoffeln auf und verschwanden. Wenn er dann auf diesem Feld fürs nächste Jahr Korn ansäte, dann gingen dort reihenweise Kartoffeln auf.

Die an seine Wiesen angrenzenden Haselnusssträucher trugen offenbar kaum reife Nüsse. Selbst sein Walnussbaum im Hof wurde irgendwie geplündert.

Der 'Silberbauer' ließ den Wagner eine runde Bank unter seinen Walnussbaum bauen. Jetzt konnte er seine Walnüsse auf seiner Bank sitzend bewachen.
Da machte ihm ein Kleiner von der Dorfjugend eine 'lange Nase'. Während er dem nachrannte...

Ja, ja. Eichhörnchen mögen Nüsse.
Die Dorfjugend auch...

Dabei wäre ein gutes Miteinander so einfach gewesen: Wenn man höflich fragte, bekam man fast immer etwas. Brot, Äpfel, Nüsse, Mohrrüben,...

Carlos und Andere

Der Hof des Großvaters wurde allenfalls nachts abgeschlossen. Tagsüber stand alles offen. Auch dann, wenn alle Familienmitglieder draußen auf dem Feld waren. Carlos, der Hofhund war dann Herr im Haus.

Ein Viehhändler kam eines morgens in den Hof.
Weil sich auf sein Rufen niemand meldete, ging er einfach ins Haus. Carlos begrüßte ihn schwanzwedelnd. Der Viehhändler lief in den Flur, rechts die Treppen hinauf und machte die Tür zur Küche auf. Aber da war niemand. Als er sich vor dem Spülstein umdrehte und die Küche wieder verlassen wollte, begann Carlos zu knurren und zeigte seine Zähne.
"Carlos. Lass mich raus!"
Denkste.
Die Zeit wurde lang. Und der Viehhändler bekam Durst.
Er dachte, wenn er Carlos auch etwas hinstellt, dann würde Carlos friedlicher. Also holte er eine Schüssel, füllte sie mit Wasser und stellte sie auf den Boden.
"Carlos, Du hast doch bestimmt Durst."
Denkste.
Die Zeit dehnte sich lang und länger. Und dem Viehhändler wurde bang. Und bänger.
"Carlos lass mich wenigstens aufs Klo."
Das war nur ein paar Meter entfernt, die zweite Tür.
Denkste.
Carlos gönnte ihm nicht einmal die auf dem Boden stehende Schüssel.
Erst als es zum Abendgebet läutete kam der Opa mit seinen Leuten zurück auf den Hof.
Zum Glück erfuhr die Oma nie, was sich inzwischen in ihrer Küche zugetragen hatte...

Georges Tante

Von Georges Schwiegertochter bekam ich eine Mail.
Georges sei das bestimmt peinlich:
Aber für die Geschichte mit dem '*höflichen Hahn für sieben Hühner* ' habe das Georges weidlich verdient.

Die Schwestern von Georges Mutter bemutterten George. Er war der erste Enkel im Haus. Manchmal kümmerten sich die Tanten mehr um den ersten Enkel als Georges Maman selbst. Einmal hat Georges Maman sogar zugegeben, dass sie dann eifersüchtig war.

Aber auch die Tanten eiferten. Sie stritten sich fürchterlich, denn jede wollte bei Georges Taufpatin sein. Georges Vater schlichtete: Georges hat zwei Patinnen.

Georges Lieblings-Patentante heiratete auf einen allein stehenden Hof. Als Georges groß genug war um Fahrrad zu fahren, durfte er sonntags mit dem Fahrrad ins 4 km entfernte Kirchdorf. Wiederum nur vier weitere Kilometer waren es dann bis zu seiner Patentante Marie.

Seine Tante freute sich schon auf ihr Patenkind.
Und Georges freute sich auf seine einfühlsame stets an seinem Leben interessierte Patin. Sie verpflasterte seine Wunden und tröstete ihn, wenn etwas schief gegangen war. Sie hatte die gute Seele von Georges Großvater. Auch wenn sie selbst nicht viel hatte, für Georges hatte sie immer etwas:
Große Haselnüsse, Birnen, Himbeeren, Hutzelbrot,...

Georges ist mit dem Hofhund Carlos, einem Schäferhund-Mischling, groß geworden. Vor Hunden hatte er deshalb allenfalls Respekt.

Der Hofhund bei seiner Patentante Marie war ganz anders. Charles verbellte lautstark jeden der das Einzelgehöft betrat.
Die meisten hielten ihn für einen Zerberus. [1]
Die Besucher blieben deshalb auch brav am Hoftor stehen, bis jemand kam und sie abholte.

Oft konnte Georges am Hoftor nur noch notdürftig sein Fahrrad weglegen. Schwanzwedelnd kam Charles stürmisch auf Georges zu. Charles legte seine riesigen Pratzen auf Georges Schultern und schmiegte sich voll Freude an den Jungen und leckte ihm dann das Gesicht ab. Meist warf das seelengute Tier damit Georges um.
„*Charles, lass mich aus.*"
Doch der Hofhund war meist so im Überschwang, dass er nur kurz seine freudige Begrüßung und das Ablecken mit seiner großen Zunge unterbrach.
„*Charles, aus. Ist ja gut. Lass mich aus.*"
Das seelengute Tier folgte. Aber nur kurz.
Um dann sein Begrüßungsritual nochmals zu beginnen.

Wenn es dann Georges zu viel wurde, blieb nur eins:
„*Tatie Marie. Ich bin da. Aber Charles... Tatie Marie !*"

Seine Tante genoss den Anblick:
Charles lag auf Georges und leckte ihn freudig ab.
„Charles !"
Mit einem tief beleidigten Blick trottete dann der große Bernhardiner brav in seine Hütte.

Ich muss laut lachen.
„*Ich kenn das:*
Große braune Augen. Meiner Tante Marthas Bernie war auch so ein anhänglicher Bernhardiner."

---

1 Zerberus oder Kerberos in griechischen Mythologie: der Höllenhund

Net 'aufhausig'

Die Oma von Georges war sehr sparsam. Unterwäsche, die nicht mehr als solche brauchbar war, wurde gewaschen und dann als Putzlappen und als Putzlumpen zum Boden wischen verwendet...

Oma hätte am liebsten den Erntehelfern, den Hütejungen und auch allen anderen etwas Billigeres vorgesetzt als dem 'Bauern'. Aber der Opa duldete das nicht:
"Es gibt kein Zweierlei. Wer hier arbeitet soll auch dasselbe essen wie ich. Basta."
Nur widerwillig fügte sich die Oma.

Der Großvater mochte am Sonntag den Hefekranz mit Rosinen. Die Oma mochte die Rosinen nicht.
Außerdem sei das viel zu 'aufhausig'. [2]
Der Enkel aber liebte das weiße Kranzbrot mit Rosinen.
Komischerweise enthielten die Scheiben für den Opa stets Rosinen, wenn sie Opa abschnitt seine auch.
Aber die Scheiben die ihm Oma reichte enthielten fast nie Rosinen.
Mmh.

Dem Enkel fiel auf, dass das Kranzbrot komischerweise auf beiden Seiten angeschnitten war:
Auf Opas Seite waren Rosinen drin.
Aber nur auf seiner Seite.

Als die Oma das Kranzbrot vorbereitete und kurz weglief, mogelten sein Opa und er die restlichen Rosinen des Päckchens in den Teig. Doch das fertige Kranzbrot enthielt wiederum nur auf einer Seite reichlich Rosinen und auf der anderen Seite fast keine.

---

2 Übertrieben großzügig zu Lasten des Bestands des Hofes.

Die Oma hatte die 'Rosinen-Schwemme' bemerkt und die nach ihrer Meinung überschüssigen Rosinen fein säuberlich aus dem Teig herausgeklaubt.

Das spätestens alle vierzehn Tage selbst gebackene Brot musste weiß sein. Wehe, wenn der Roggen-Anteil oder gar der Schrot-Anteil zu deutlich sichtbar wurde: Dann wurden diese Anteile von der Oma entfernt.

Das Haushaltsgeld wurde von der Oma durch den Verkauf von Eiern, Hühnern, Enten, Gänsen, Rauchfleisch, Brät und dem Schwartenmagen aufgebessert.
Die Dosen mit Leberwurst waren weit weniger gefragt. Im Vorratskeller fand man deshalb den Sommer über kaum etwas anderes als Leberwurst.
Leberwurst und nochmals Leberwurst.

Als im Herbst geschlachtet wurde, bekam der Enkel die Aufgabe die fertigen Dosen mit B für Brät, mit einem R für den roten sowie W für den weißen Schwartenmagen und mit L für Leberwurst zu beschriften.
Georges aber schrieb flugs ein L. auf die ersten Brätdosen. Das fiel dem Opa auf:
"Was machst Du denn da? Da muss ein B drauf. Weißt Du wie ein B aussieht?"
"Ja."
"Aber, so wie Du das machst kann man das ja nicht von einem L für Leberwurst unterscheiden."
"Opa schau das L. bitte genau an."
"Mmh. Da muss man schon ganz genau hinschauen. - Wie viele Dosen hast Du schon so beschriftet?"
"Sechs."
"Jetzt machst du noch sechs so und dann kommt immer ein B drauf."
"Ja Opa."

Im nächsten Sommer gab es wieder längere Zeit allenfalls Leberwurst und nochmals Leberwurst.
Wenn selbst dem Großvater die 'Leberwurst-Diät' zu viel wurde, dann zwinkerte der Opa Georges zu, wenn Georges wieder einmal von der Oma den Auftrag erhielt: „Georges, hol eine Leberwurst-Dose aus dem Keller."
Dann holte Georges eine mit L. Beschriftete und machte sie wunschgemäß mit dem Dosenöffner auf.
„Oh, je. Das ist ja eine Brät-Dose," jammerte Oma.
„Aber jetzt ist sie schon offen. Jetzt müssen wir das Brät essen."

Auf anderen Höfen arbeiteten andere Hausmetzger.
Dort war es oft so, dass niemand den roten oder den weißen Schwartenmagen besonders mochte.
Offenbar gibt es nur wenige Hausmetzger, denen sowohl die Leberwurst als auch der Schwartenmagen besonders gut gelingt.
Aber das erfuhr Georges nur durch Zufall:
Auf diesen Höfen hatte dann bei manchen Dosen das S' einen Haken...

Omas Enten und Gänse

Einmal hat die Oma einer Henne Enteneier untergeschoben. Als die kleinen gelben Federbällchen geschlüpft waren, ging die Henne ganz stolz mit ihren Entchen auf den Hühnerhof. Doch die Entchen waren bei den anderen Hühnern unbeliebt. Deshalb ging die Henne mit ihrer Entenschar immer weiter die Wiese hinunter. Als die Entchen am Talgrund den aufgestauten Bach entdeckten, waren sie nicht mehr zu bremsen.
Ab ins Wasser und Schwimmen war eins. Die arme Henne lief aufgeregt lockend am Wasserrand hin und her. Es war herzerweichend. Doch die Entchen kamen stets erst nach geraumer Zeit wieder heraus. Dann ging die Henne mit ihrer Entenschar möglich schnell den Hang hinauf.

Ein besonderes Augenmerk hatte die Oma auf ihre Gänse. Zwei waren darunter, die bissen Georges und schlugen so mit ihren Flügeln, das der arme Kleine die harten Flügelkanten zum Spüren bekam. Weinend erzählte er das seiner Oma.
"Du musst halt wegbleiben von den Gänsen."

Doch die Biester weiteten ihren Aktionsradius immer mehr aus.
Darob war auch der Hofhund Carlos unglücklich.

Eines Tages erzählte der Enkel einem Hütejungen:
"Ohne gezwickt zu werden oder Prügel von den Gänsen zu beziehen kann ich mich nicht mehr im unteren Hof sehen lassen. Dies blöden Gänse greifen mich stets an."
"Fass einfach die erste Gans am Hals, dreh Dich ein paarmal und lass dann los. Dann fliegt sie in die Ecke. Dann hast du Ruh!"
Gesagt getan:

Der Ganter und noch eine Gans flogen so in die Ecke. Und oh Freude. Die restlichen Gänse flohen!

Doch:
Der Ganter und die Gans standen nicht mehr auf.

Ängstlich suchte der Enkel seinen Großvater.
"Du der Ganter und eine Gans liegen in der Ecke und stehen nicht mehr auf."
Tatsächlich. Die beiden waren tot.
"Was ist passiert?"
Was blieb dem armen Enkel anderes übrig als zu beichten:
"Die blöden Gäns haben mich immer gezwickt und mit mich den Flügelkanten geschlagen. Da hab ich sie mit den Händen geschnappt, mich ein paarmal umgedreht und hab dann losgelassen."
"Wann war das?"
"Gerade eben."
"Stimmt. Die sind ja auch noch ganz warm."

Die Oma aber wollte von den unverhofften Gänsebraten nichts wissen.
"Wer weiß wie lange die schon tot sind? Und hoffentlich ist da keine Seuche bei den Gänsen."

Die Gänse wurden geschlachtet. Aber am nächsten Tag gab es keinen Gänsebraten. Die Oma hatte die frisch geschlachteten Gänse schon verkauft...

Das getauschte Pferd

Im Austausch gegen ein anderes Pferd kam der 'Braune' auf den Hof. Die Wehrmacht hatte den 'Braunen' gern abgegeben, weil er jeden Rekruten im Nu abwarf und Befehlshabende verjagte. Denn den Kasernenton mochte der 'Braune' gar nicht.

Trotz dieser Widrigkeiten schaffte es der Opa, dass er mit diesem 'verwetterten Pferd' nach einiger Zeit gut zurechtkam.
Es war in den letzten Kriegstagen. Nebel lag in der Frühe über der Landschaft. So konnte es der Opa wagen mit dem Pferd hinauszufahren um ein Feld zu eggen.

Plötzlich kam die Sonne durch. Dem Opa wurde warm und er hängte seine blaue Bleyle-Jacke über einen Pfosten auf der Grenze neben einem kleinen Bachlauf. Das Gespann wurde gesehen und von Tieffliegern angegriffen. Der Opa sprang in den nahen Bachlauf. Beim zweiten Anflug war der 'Braune' mitsamt Egge vom Feld verschwunden. Die Egge hatte sich in der nächsten Hecke verfangen und der Gaul war von oben unsichtbar.

Als sich die Sicht wieder verschlechterte holte der Opa seine Bleyle-Jacke und suchte den 'Braunen'.
Außer einigen Kratzern hatten beide glücklicherweise nichts abbekommen.
Einige Tage später wunderte sich die Oma:
Warum war in der blauen Bleyle-Jacke plötzlich ein Loch?

Nach einiger Zeit hatte der Großvater den 'Braunen' so weit, dass er ihn als Rückepferd nutzen konnte.
Der 'Braune' hatte Vertrauen gefasst. Doch eines Tages drehte sich ein Baum beim Fallen und einige weit ausladende Äste drückten den Großvater zu Boden.

Aus eigener Kraft und auch mit Hilfe des Rückepferds konnte er sich nicht aus der misslichen Lage befreien.
Es blieb nur eins:
Den 'Braunen' herlocken, ausschirren und heimjagen.
"Brauner, hüh! Heim!"
Schon im südlichen Dorf fiel der allein heim trabende 'Braune' auf. Da stimmte etwas nicht.
An der Stalltür mussten sie den 'Braunen' nur umdrehen.
Er lief zurück zur Unfallstelle.
Da lag der Großvater eingeklemmt.
Der hinzugerufene Arzt meinte nur:
"Die Rippen müssen allein verheilen. Das tut noch lange weh. - Aber, wie kann man so leichtsinnig sein. Allein mit dem Pferd im Wald."

Georges hat es noch selbst erlebt, wie der 'Braune' noch Jahre später auf dem Feld zu tänzeln begann, wenn er ein Sportflugzeug hörte.
Aber sonst war er ein gutmütiges Tier. Vielleicht, weil er auch wusste, dass der Enkel ihm nach Möglichkeit immer etwas mitbrachte: Ein Stück Runkelrübe, eine Mohrrübe und später, als die Zeiten besser wurden, hin und wieder auch einen Zuckerwürfel.

Der 'Braune' duldete es sogar, dass man unter ihm durchschlüpfte. Nur die Tierhändler und zwei Personen aus dem Dorf mochte er nicht:
Die Oma und den Schmied.

Du brauchst neue Schuh

Der Schmied war laut und grob. Wenn der 'Braune' ihn hörte oder sah, begann er trotz schwerster Last zu tänzeln.
Eines Tages durfte Georges mit dem 'Braunen' zum Schmied. Der 'Braune' brauchte neue Hufeisen.
Je fester der Schmied ihn anband, je mehr der Schmied an ihm zog und je ungeduldiger und lauter der Schmied wurde umso unruhiger wurde der 'Braune'.
Als der Schmied ihm ein Bein anhob und dabei laut fluchte, bekam er vom 'Braunen' einen solchen Stoß, dass der Schmied an der Wand landete.
"Das ist ein Mörder. Der gehört erschossen!"
"Meister. Bitte geht und lasst Euch in der nächsten Stunde nicht mehr blicken..."
"Was erlaubst Du Dir..."
"Meister. Bitte geht. Ich mach das."
Der Meister ging. Auch, weil ihn die Meisterin gerufen hatte. Es war Vesperzeit.

Der Schmiedegeselle aber lockerte die Stricke.
"Na 'Brauner' was machst Du denn für Sachen?"
Ja er band den 'Braunen', als dieser sich beruhigt hatte, sogar ganz los.
Nur Georges hatte ihn jetzt noch an der Leine.
"Weißt 'Brauner' Du brauchst neue Schuh."
Dabei wartete er bis ihn der 'Braune' ansah.

"Darf ich Dich anfassen?"
Der 'Braune' schnupperte an ihm. Danach duldete er es, dass ihn der Geselle am Hals tätschelte und langsam mit der Hand zum Vorderhuf hinabfuhr.
"So lupf bitte Deinen Fuß, damit ich sehen kann was alles gemacht werden muss."

Anstandslos ließ der 'Braune' einen Huf nach dem anderen anheben, die alten Nägel und Eisen entfernen, die Hufe säubern und das Horn zurechtschneiden.
Als das erste Eisen sich im Huf einbrannte tänzelte der 'Braune' leicht. Das verbrannte Horn stank fürchterlich. Das Nageln der Hufeisen und das Zurechtfeilen nahm er aber klaglos hin.

"So ist s recht. Jetzt machen wir Dich noch hübsch."
Mit diesen Worten trug der Geselle noch schwarze Farbe auf das Horn auf.
Auch die restlichen drei Hufe ließ der 'Braune' ständig zuschauend, anstandslos beschlagen.

Je älter der 'Braune' wurde, umso mehr keifte die Oma. Auch die Viehhändler lagen dem Opa ständig in den Ohren:
"Der taugt doch zu nichts mehr. Verkauf ihn."
"Nein. Der hat mir das Leben gerettet. Der 'Braune' bekommt sein Ausgeding."
Der 'Braune' blieb auf dem Hof. Bis er eines natürlichen Todes starb.

Der Großvater war dafür bekannt, dass er sorgsam mit allem umging. Jährlich wurde ein schwerer und ein leichter Acker mit Korn eingesät.
"Warum machst Du das Opa?"
"In einem nassen Jahr trägt der Sandboden ordentlich und in einem trockenen der Lehmboden."

Auch bei den Schweinen hatte der Großvater eine besondere Philosophie:
Wenn die Schweinepreise hoch waren, zog er nur wenige Ferkel groß. Bei niedrigen Schweinepreisen kaufte er sogar Ferkel zu.
"Warum machst Du das Opa?"

"Die Ferkel sind jetzt billig. Und bis die groß sind, sind die Preise wieder oben."
Der Großvater handelte antizyklisch, er kannte den 'Schweinezyklus'.

Die Preiskuh und ein Scheck

Zu Fuß waren es keine zwei Stunden bis zum nächsten Bahnhof. Aber mit einer jungen Kuh plant man doch besser zwei Stunden ein. Dort wartete ein Viehwaggon um die junge Kuh über Ulm nach Riedlingen zum Markt zu bringen. Dort war Prämierung und Versteigerung.

Der Großvater wollte nur zur Prämierung. Die Nachfahren der Kuh würden dann bessere Preise erzielen.

Der Opa freute sich, dass seine Kuh prämiert wurde. Nach der Prämierung ging er in die Stadt und legte im Laden die Einkaufsliste für Stoffe, Garn, Knöpfe, Nadeln und was die Oma und die Tanten sonst noch alles brauchten auf den Tresen. Er würde solange nebenan etwas essen. Dann ging er zurück in den Laden und bezahlte gerade seine Rechnung.

Da stürmten einige Bauern aufgeregt herein.
Eine Kuh hatte bei der Versteigerung einen exorbitanten Preis erzielt. Und der Eigentümer war nicht einmal bei der Versteigerung anwesend.
"Wie kann man nur. So eine Kuh. Und dann geht der einfach weg..."
"Seid Ihr nicht der mit der prämierten Jungkuh?"
"Doch, warum?"
"Die hat bei der Versteigerung den besten Preis erzielt. Ihr müsst, weil Ihr nicht da wart, nur noch zustimmen."
"Ich will sie aber gar nicht verkaufen."
"Jetzt hört Euch den an. Bei dem Preis..."
"...da würd ich gleich verkaufen." "Ich auch."
"Für den Preis kriegst die zweitbeste und noch zwei weitere dazu..."
"Und ich zahl Euch den Preis und Eure Zech im Wirtshaus dazu..."

So kam es, dass der Großvater im Wirtshaus freigehalten wurde und dazu noch eine prächtige Summe ausbezahlt bekam. Auf dem Heimweg über Ulm versicherte sich der Opa immer wieder, dass er auch ja alles dabei hatte:
Die Urkunde, seinen Geldbeutel, das Geld, Tabak, Pfeife, Feuer. Alles da.
Der Weg führte eine Stunde durch den Wald. Und oben, als man das Dorf schon sehen konnte, da stand eine Bank. Dort setzte er sich und zündete seine Pfeife an.
Er konnte zufrieden sein:
Die Urkunde, seinen Geldbeutel, das Geld, Tabak, Pfeife, Feuer, alles da.
Als er zuhause in die Küche kam und er voll Stolz von seiner Preiskuh und dem erzielten Preis erzählen wollte, fiel ihm die Oma ins Wort:
"Und wo sind die bestellten Stoffe, das Garn, die Knöpfe, die Nadeln.... Wie kann man das Wichtigste vergessen: Wenn man nicht mitgeht und alles selber macht..."

"Oh. Je. Und bezahlt ist das Ganze auch schon. Das Geld ist bestimmt auch noch futsch...."
Die Oma war nicht mehr zu bremsen. Und der Opa verzog sich betrübt. Auch an den nächsten Tagen, 'gab s zum Frühstück Bruddelsupp'.
Der Haussegen hing gehörig schief.

Plötzlich hielt der Milchlaster vorm Hof.
"Hat Dei Opa in Riedlinga a Preiskuah g'het?"
"Ja warum?"
Schon fuhr der schwere Milchlaster mit lautem Gebrumm weiter. Er hätte doch wenigstens Antwort geben können. *"Dia Leut werdet au immer komischer"*, dachte sich der Enkel. Zwei Tage später hielt der Milchlaster kurz und warf Georges einen Sack vor die Füße. Dort drin waren sauber verpackt die bezahlten Stoffe, das Garn, die Knöpfe, die Nadeln....

Das Vieh vom Großvater war von da ab besonders begehrt. Die Viehhändler wussten, dass sie beim Weiterverkauf von Vieh vom 'Josef vom Rechten Hof' gute Preise erzielten.
Einer war sogar so schlau, dass er Vieh von anderen Höfen umdeklarierte. Das ging lange gut, weil er es auf weit entfernte Höfe verkaufte.
Dumm nur, das er dem Großvater eines Tages für eine Jungkuh einen ungedeckten Scheck gab.

Der Großvater erzählte dies nach der Gesangstunde im Wirtshaus den anderen. Plötzlich wollte keiner mehr ein Geschäft mit diesem unlauteren Viehhändler machen.
Der Viehhändler wunderte sich, warum er im Dorf und auch in der Umgebung fast kein Geschäft mehr machte.
Und mit Scheck zahlen? Das ging gar nicht.
"Nur Bares ist Wahres."

Nach einiger Zeit traute sich dieser Viehhändler sogar wieder auf den Hof vom 'Josef' und wollte eine Kuh kaufen. Er besaß sogar die Chuzpe dem Großvater 'Verleumdung' vorzuwerfen.
"Ihr habt keinen Zeugen."
"Aber einen Scheck, der nicht eingelöst wurde."
Das sei alles nur ein Irrtum.
"Den Scheck könnt Ihr jederzeit bei der Bank einlösen."
"Ja wenn das so ist. -
Aber den Handel heute zahlt Ihr bar."

Murrend ging der Viehhändler zu seinem Wagen.
Inzwischen hatte der Großvater seinen Enkel zum nächsten Hof geschickt. Der Nachbar möge doch bitte rasch kommen. Als der hörte, dass der unlautere Viehhändler gerade beim 'Josef' sei, schickte er seine Tochter ins Dorf. Binnen kurzer Zeit kamen immer mehr Bauern in den 'Oberen Rechten Hof'.

Der Viehhändler zahlte gerade dem 'Josef' die ausgemachte Summe für die Kuh in bar aus.
Der 'Obere Rechte Bauer' bedankte sich brav für das Bargeld.
"Jetzt holt Ihr mir die Kuh."
"Nein. Deinen Scheck."

"Aber ich hab mehr bezahlt."
"Das sind Zinsen und der Rest für meinen Ärger."
Dem Viehhändler half kein Sträuben und kein Zetern.
"Und unser Handel heute?"
"Dia Kuh müsst ihr erst zahlen, in bar."

"Mir schuldet der auch noch Geld. Der Scheck für mei Sau war au net deckt," wandte der Ärmste des Dorfes ein.

"Dann zahlscht zuerst dem sei Sau," meinte der Großvater. Wutschnaubend und Zähne-knirschend tauschte der Viehhändler auch dessen Scheck gegen bar.
"So und jetzt gibscht dem no a paar Mark extra für sein Ärger." "Muaß des sei?" *"Ja."*

"Wenn mir jetzt des Geld net reicht für Eure Kuh, därf i Euch dann für da Rest an Scheck geba?"
"Noi. Von Dir nehm i koin Scheck. Mir hend Barzahlung ausgmacht."

"So a Lump!"
"Jetzt will der so weitermacha!"
"Der mit seine odeckte Schecks."
Dem Viehhändler wurde es ob der vielen, immer drohender und lauter werdenden Bauern mulmig. Vielleicht hatte er auch noch bei anderen Bauern Schulden. Wenn die jetzt auch noch kämen...

"Aus dem Handel wird nix. Mir reicht das Bargeld net," sprach er und stieg flugs in seinen Viehtransporter. *"Des isch mir au reacht,"* sagte der 'Obere Rechte Bauer'.

Die anwesenden Dorfbewohner zeigten ihre Fäuste und riefen dem Wegfahrenden Schimpfworte nach.
Dann wandten sie sich zum 'Josef' um und meinten: "Des hen Ihr reacht gmacht." "Dem hoschs aber zoigt."
Und der Häusler: "Danke Josef, des vergiss i Euch nia!"

Im Haus sagte der Großvater zu seinem Enkel:
"Den hab ich schon lang auf der Latt ghet."

"Wia moinscht des?"
"Wenn ebbes Oreachts passiert, dann merkst dr des. Stells wia a Dachlatt ins Eck und hols erst wieder raus, wenns brauchst. Woisch, ma sieht sich immer zwei Mal. Sich in dr Zwischenzeit ärgra des bringt nix und duat dr net guat. Aber wenn sich derjenige wieder blicka losst, dann gilts!"

Das und noch viel mehr merkte sich der Enkel. So konnte er später als Lehrer, Bäckermeister, Ausbilder und Prüfer auf einen reichen Erfahrungsschatz zurückgreifen. Sich zu wehren, wenn einem Unrecht geschieht, lernte er früh.

Herbst

Selbst kleine Kinder halfen bereits als bei der Kartoffelernte. So auch der Enkel und spätere Bäckermeister Georges. Seine Aufgabe war es Kartoffeln in Körbe zu klauben. Eine Hilfskraft namens Sophie tat recht hilfsbereit. Sie schüttete jeweils seinen Korb in ihren und vermeldete am Wagen:
"Ich hab schon wieder einen Korb voll."

Irgendwann fiel es auf, dass der Enkel fast nie einen Korb Kartoffeln zum Wagen brachte. Am Abend bekam Georges von seinem Opa einen Rüffel:
"Es wär scho schön, wenn Du au hin und wieder an Korb Kartoffla an da Waga brenga tätscht."
"Aber Opa..."
"I woiß, Du dätscht am liabsta mit de Grombira spiela. Aber mir brauchet dia Kartoffla!"

Am nächsten Tag auf dem Feld, wunderten sich alle sehr. Als Sophie ihm wieder den Korb ausleeren wollte, wehrte sich der kleine Enkel. *"Noi. Des send meine Kartoffla!"* Aber gegen die große Sophie hatte er keine Chance. Sie vermeldete wieder stolz am Wagen:
"Ich hab schon wieder einen Korb voll." *"Sauvieh!"*

"Was hat er denn?"
"Oh. Er wird eine Maus gesehen haben." *"Sauvieh!"*
Doch es war komisch, dass der Enkel jedes Mal, just in dem Augenblick, eine Maus sichtete, wenn Sophie sich ihm näherte. Auch begann der Enkel, ganz gegen seine Art, jedes Mal, wenn Sophie wieder kam um mit 'seinen' Kartoffeln ihren Korb aufzufüllen, nach ihr zu schlagen. Und wenn sie ihn festhielt, kratzte Georges und brüllte: *"Sauvieh!"* Als sie ihm den Mund zuhielt, biss er auch noch und haute mit den Stiefelchen nach ihr.

"Was ist denn in Dich gefahren?"
"Des Mistvieh nimmt immer die Kartoffla di i klaubt hab und sagt dann: Ich hab schon wieder an Korb voll."
Tatsächlich. Als sich Sophie unbeobachtet fühlte, trieb sie ihr unlauteres Spiel weiter. Aber der Großvater hatte es gesehen. Sie wurde gebeten den Kleinen in Ruhe zu lassen. Trotz dieser Ermahnung trieb die Sophie weiter ihr unlauteres Spiel.

Am Abend fragte der Enkel seinen Großvater:
"Opa, gell sowas duat ma net."
"Ja."
"D' Sophie isch und bleibt a Sauvieh."
Der Großvater schwieg.
Die Sophie aber fehlte bei der nächsten Ernte.

Zwei Welten

Georges Großvater, der während dem 2. Weltkrieg zwei Söhne verlor, beantwortete all die vielen Fragen des Kleinen meist geduldig. Bald kannte der Junge alle im Dorf und wusste, wen er mit 'Du' anreden durfte oder mit 'Ihr' anreden musste.

Ein Jahr vor seiner Einschulung kam er auf Veranlassung seiner Eltern in den Kindergarten einer Industriestadt. Durch die vielen Pendler war der Verkehr bei Schichtwechsel so dicht, dass es manchmal fast kein Durchkommen mehr gab. Neben den zwei großen lauten und staubigen Industrieanlagen mit Gleisanschlüssen, gab es dort für die über 10 000 Einwohner zwei ansehnliche Kirchen.

In der Stadt wurde seine muttersprachliche Mundart belächelt. Die Leute sprachen 'Hochdeutsch' oder das was sie dafür hielten:
Das 'Du' war gerade noch bei Kameraden angebracht.
In der Stadt war das 'Ihr' völlig ungebräuchlich, jedweder wollte hier mit 'Sie' angesprochen werden.
Heimlich sehnte sich der Junge wieder zurück ins vertraute Dorf. Zu seiner großen Freude durfte er zurück, in den Schulferien, zum Arbeiten auf dem Bauernhof.

Erinnerungen

Mit Freude wird heutzutage gemeldet, dass es in süddeutschen Flüssen wieder Lachse gibt.
Mit Staunen erfahre ich, dass sich im Mittelalter angeblich die Gesellen der Zünfte in Ulm ausbedungen hätten, dass keinesfalls häufiger als zwei Mal die Woche Lachs auf den Tisch kommt.

An der steilen Bahnstrecke hörte man noch in den fünfziger Jahren des letzten Jahrhunderts immer wieder einen sehr lauten weithin hörbaren Knall.
Nein.
Es war nicht das weit wahrnehmbare dumpfe Wummern der schweren Schmiedehämmer der Eisenwerke.
Es war lauter, explosiver.
Und das auch mitten in der Nacht.
Im Umkreis von einigen Kilometern wurden viele dadurch um den Schlaf gebracht.
Die Behörden und die Bevölkerung suchten lange.
Nur die Eisenbahner und deren Angehörige grinsten.
Aber warum?

Den damals verwendeten alten Dampfloks wurde auf der Steil-Strecke alles abverlangt.
Manchmal kam auch ein Zug zurück.
Vergaß ein Heizer das richtige Nachfüttern mit der meist schlechten Kohle, dann schaffte der Zug die Steigung nicht. Dann blieben die Schranken der dortigen Bahnübergänge zu.
Der Zug kam quietschend zurück und musste im nächsten größeren Bahnhof warten, bis er genug Dampf hatte. Dort musste er unter Volldampf anfahren.

Meist mitten in der Steigung knallte es dann fürchterlich.

Das Überdruck-Ventil des Kessels löste schlagartig mit dem schon bekannten lauten Knall aus und entließ den Überdruck mit einer großen weiteren Dampfwolke...

Besonders betroffen von dem Knall waren die ob den Gleisen der Steilstrecke errichteten ehemaligen Eisenbahner-Wohnungen. Diese hatten die Alliierten kurzerhand zugunsten von 'Displaced Persons', die angeblich aus Lettland kamen, konfisziert und die dort wohnenden Eisenbahner mit ihren Familien an die frische Luft gesetzt.
Die Eisenbahner und ihre Familien mussten selbst schauen, wo sie unterkamen.

Der nach dem Krieg noch übrige Wohnraum im 'Dorf' wurde doppelt und dreifach belegt. Da halfen auch die rasch errichteten Barackenlager nichts, denn es kamen Heimatvertriebene aus Ungarn und später aus weiteren Ostgebieten.
Der Groll der Eisenbahner verstetigte sich.
Unterstützung erhielten sie von den rund 1000 ehemaligen Bewohnern der relativ neuen Werkssiedlung, die gleichermaßen ausquartiert worden waren.

Obwohl sie in Gruppen in der ganzen Umgebung raubend und mordend umherzogen, wurden die 'Displaced Persons' allenfalls mit 'Samthandschuhen' angefasst. [3]
Diese Raubmorde empörten. Besonders auf Einzelhöfe hatten es diese 'Displaced Persons' abgesehen.
Selbst ganze Dörfer waren nicht vor ihnen sicher.
Das Ganze verschlimmerte sich, als man sah, dass diese 'Displaced Persons' eine Woche vor allen anderen die DM bekommen hatten und auch sonst bevorzugt wurden.

---

3 „...zahlreiche Ausschreitungen: Allein in Stuttgart wurden in diesem Zusammenhang 55 Deutsche getötet“ → Vietzen, Hermann , Chronik der Stadt Stuttgart 1945-1948, Stuttgart 1972 S. 245

„Die sollen keine Nacht ruhig schlafen," schworen sich zumindest die Eisenbahner und die Werksangehörigen. Doch die Siedlung war abgeschirmt und wurde sogar von der Militärpolizei beschützt.

Dafür wummerten Tag und Nacht die schweren Schmiedehämmer und erschütterten die Umgebung.

Und fast immer löste das Überdruckventil neben den ehemaligen Eisenbahner-Wohnungen aus, weil es die Steigung bei den schweren Zügen erforderte...

Trotz der steten Intervention des Landrats wollte die Militärverwaltung in Stuttgart die Häuser und Wohnungen oberhalb der Bahnlinie nicht an die an der Wohnungsnot und Enge der Notunterkünfte leidenden Arbeiter und Eisenbahner zurückgeben. Dort hausten immer noch „Dispaced Persons', die dort vor vier Jahren von den Amerikanern einquartiert worden waren.

Um seiner wiederholten Bitte Nachdruck zu verleihen reiste der Landrat mit einer Abordnung nach Stuttgart.
Aber die Amerikaner dachten nicht im Traum daran die requirierten Wohnungen zurückzugeben:
Die Ausquartierten seien alle Nazis und hätten nichts anderes verdient.
Ein Schmied schlug daraufhin wutentbrannt auf den Konferenztisch, dass dieser ächzte:
"Von wegen, Herr General, diese Häuser gehören Arbeitern."

Entsetzte Stille. Das war's.
Jetzt erreichen wir gar nichts mehr, dachte der Landrat.

Doch der amerikanische General bat den Schmied ihm mehr über die Arbeiter zu erzählen.

Bedrückt trat die Kommission die Heimreise an.
Sie hatten wohl nichts erreicht.

Doch einige Zeit später wurde gemunkelt die 'Letten' kämen nach Israel und die Werkssiedlung und die Wohnungen der Eisenbahner würden zurückgegeben.
Tatsächlich:
Die Eisenbahner und Arbeiter bekamen ihre Wohnungen und Häuser zurück.

Doch:
Wie sah es dort aus?
Statt wie jeder zivilisierte Mensch Holz zu sammeln oder klein zu machen, hatten die 'Displaced Persons' das Mobiliar und auch die Holzfußböden verheizt...
Einige Wohnräume wurden als Ställe für Haustiere benutzt. Ein Haus war sogar einsturzgefährdet und unbewohnbar. Es musste abgerissen werden.

Eigentlich müssten ob dem Wiedererlangen der eigenen vier Wände Freude aufkommen. Aber stattdessen gab es Tränen vor Enttäuschung und Wut. [4]
Noch Jahrzehnte später antwortete eine betroffene Hausfrau unter Tränen:
„Wie es da ausgesehen hat? Frag nicht!"

---

4 „Bei der Freigabe waren alle Häuser mehr oder weniger stark beschädigt, keines aber mehr in einem bewohnbaren Zustand." → Vergleiche hierzu auch: Aalener Jahrbuch 1986 Seiten 295 ff.

Auf dem Weg zur Schule

In dieser Industriestadt gab es neben den zwei großen Unternehmen mit einigen tausend Arbeitern, Zulieferern, Handwerkern, zwei Kirchen und vier Schulen.

Die Erstklässler durften in die Schule neben der evangelischen Kirche. Ab der dritten Klasse kam man dann in die Schule neben der katholischen Kirche.

Georges hatte in der Stadt in seinen beiden ersten Schuljahren einen weiten Schulweg. Denn die ehemalig 'evangelische Schule' war am weitesten entfernt:
Wenn er rasch lief, dann schaffte er den Weg binnen einer halben Stunde.
Das kam aber selten vor.

Denn sein Weg führte ihn über den unteren Marktplatz. Dort wartete sein Freund Rolf. Gemeinsam ging es dann vorbei am unteren Metzger über den ganzen Marktplatz. Dort nahmen sie meist den Weg über die Brücke über den Fluss. Wichtig dabei war, wie viel Wasser er führte.

Vorbei am Fleischer am oberen Marktplatz ging es entweder treppauf vorbei an der ehemalig 'katholischen Schule' und katholischen Kirche oder der Straße nach hinauf zum 'Schafbäck'. An der Hauptstraße warteten dann die beiden Buben brav, bis das Werksbähnle kam und sie mit weißen Dampfwolken einhüllte.

Dass die für den Schulweg vorgesehene gute halbe Stunde dadurch, nahezu regelmäßig, überschritten wurde störte wenig. Hatte doch ihr Lehrer, der kurz vor seiner Pensionierung stand, zu ihnen gesagt:
„Ihr kommt, wenn ihr ausgeschlafen habt."

Nicht nur, aber besonders Rolf und Georges, waren offenbar ausgeprägte Langschläfer.

Von den Metzgern und dem Bäcker bekamen Rolf und er immer wieder etwas geschenkt. Auch bekam Rolf relativ viel Taschengeld. Beides trug keineswegs zur Beschleunigung der Schritte auf dem Schulweg bei. Außerdem 'mussten' sie ja an der Hauptstraße warten bis das Werksbähnle kam und sie mit weißen Dampfwolken einhüllte.

An der Schule neben der katholischen Kirche waren sie, ob ihrer alles andere als eiligen Gangart, aufgefallen. Rolf und er müssten sich jetzt sputen um noch draußen an der 'evangelischen Schule' rechtzeitig anzukommen.

Auch war es aus einem anderen Grund für Erst- und Zweitklässler wenig ratsam Schülerinnen und Schülern der 3. oder höheren Klassen 'anheimzufallen'. Entweder wurde Rolf das Taschengeld abgenommen, oder man bekam Prügel.

Darum mieden Rolf und Georges zukünftig diesen Weg. Aber man könnte doch über den Marktplatz und dann am Fluss entlang gehen. Der Weg führte dann mit einigen Kindern der Werksangehörigen am Haupttor und den Verwaltungsgebäuden vorbei zur 'evangelischen Schule'.

Als Rolf und Georges am Haupttor zwischen den Pflastersteinen und Schienen an einem Samstagmorgen Geldstücke fanden, wurde dies ihr neuer Schulweg.

Es störte sie keineswegs, dass sie nun rund einen Kilometer mehr zurücklegen mussten und sie noch später in die Schule kamen. Denn am Freitag bekamen einige Tausend Arbeiter damals an der Pforte ihre Lohntüte.

Beim Nachzählen verlor so mancher ein Geldstück und fand es zwischen den Pflastersteinen und den Schienen nicht mehr.

Rolf und Georges freuten sich am Samstag stets sehr darüber, wenn sie dort Geldstücke fanden.
Manchmal waren sogar Fünfzig-Pfennig-Stücke darunter.
Das war damals für einen Schüler viel Geld.
Auffallen durfte ihre Suche vorm Haupttor nicht.
Denn dann vertrieb sie der missgünstige Portier und suchte selbst.

Als Rolf und er wieder einmal an der Hauptstraße auf das Werksbähnchen warteten um sich von dem Dampf einhüllen zu lassen, standen plötzlich ihre Väter hinter ihnen.
Und aus war es mit der Bummelei.

In der 'katholischen Schule'

Trotz alledem haben Rolf und Georges das Lesen, Schreiben und Rechnen gelernt und kamen nach zwei Jahren als Drittklässler in die Schule neben der katholischen Kirche.

Sie bekamen für die nächsten zwei Schuljahre einen jungen Lehrer. Er war nett und freundlich. Bei ihm konnte man Tatzen und Hosenspanner auf Vorrat abholen. [5] Dieses 'Guthaben' wurde dann bei den jeweils fälligen Strafen eingelöst.

Nur ärgern durfte man ihren Lehrer nicht:
Wenn dieser Lehrer verärgert war, dann gab es die Züchtigungen trotz Guthaben sofort, ausgiebig und heftigst.

Nach den Sommerferien bekam Rolf mehr Taschengeld. Dies musste natürlich 'angelegt' werden. Aber wohin mit dem damals schon anfallenden Verpackungsmaterial der Süßigkeiten und der Würstchen im Klassenzimmer?

Da stand ein Kanonenofen. Der füllte sich nach und nach. Da auch andere Kinder ihr Altpapier dort hineinstopften, war bald im Feuerraum kein Platz mehr. Aber da war ja noch das leere Ofenrohr.

Es wurde Herbst. Dann im Spätherbst wurde es auch dem jungen Lehrer im Klassenraum zu kalt.
Er bat den Hausmeister einzuheizen.
Der zündete das Papier an. Das brannte lichterloh.
Doch Qualm verbreitete sich im Klassenzimmer.

---

5 'Tatzen' Schläge mit dem Rohrstock auf die Handflächen oder auf den Hosenboden 'Hosenspanner' waren bis 1970 zulässig.

Irgendwer rief:
„Feuer !" „Feuer. Die Schule brennt."

Die Schüler wurden alle ins Freie geschickt.
Die Feuerwehr kam.
Statt einem Brand fanden die Feuerwehrleute ein verqualmtes Klassenzimmer.
Also:
Alle Fenster auf.

Inzwischen wollte der unglückliche Hausmeister erneut einheizen. Aber der Qualm drang aus allen Ofenritzen. Irgendjemand kam dann darauf, dass man am Revision-Deckel ins Ofenrohr schauen könnte.
Das war voll mit Verpackungspapier...
Als das heraus war, brannte der Ofen klaglos.

Die üblichen Verdächtigen, einschließlich Rolf und Georges, bekamen darauf von ihrem wütenden jungen Lehrer ein gerüttelt Maß an Züchtigungen mit dem Rohrstock. Derart, dass der ältere Kollege von nebenan hereinkam und meinte, dass es jetzt doch wirklich reiche...

Unglücklicherweise waren seinem Freund Rolf und Georges die 'gierigen alten Feinde' erhalten geblieben. Denn die Volksschule mit den 'Großen' ab Klasse fünf war in der Nähe ihrer Schule.

Immer wieder wurde sein Freund Rolf und er auch auf dem Schulweg abgepasst. Dann war das Taschengeld meist weg. Selbstverständlich erzählten Rolf und Georges zuhause, wie es ihnen erging.
„Und was hat Dei Vater gsagt?"
„Du musst Dich halt wehren."
„Meiner au."

Von da ab rümpften der Metzger oder die Verkäuferin befremdet die Nase, wenn Rolf einen Schuh auszog um mit dem Geld aus seinem Strumpf zu zahlen.

Besonders beschämend für Rolf und Georges war es, dass ein Mädchen, das einige Jahre älter war, sie immer wieder abpasste und beraubte.

So ging es nicht weiter. Da musste etwas geschehen.

Als sein Freund Rolf und er wieder von 'der doofen Kuh' belästigt wurden und sich herabbeugte ergriffen die beiden Jungs je einen Zopf.
Zu ihrem Erstaunen reichte die aufgestaute Wut der Beiden um die 'doofe Kuh' auf den Boden zu ziehen.
Die am Wegrand wachsenden stacheligen Kletten boten sich geradezu an, diese ihr in die Haare zu reiben...

„Diese bösen Buben haben mein armes Mädchen gemeinsam überfallen."
Erzählte die Mutter 'der doofen Kuh' jedem. Aber von den wiederholten Raubzügen ihrer Tochter erzählte sie nichts.

Erst zwei Tage später sahen sie die 'doofe Kuh' wieder.
Wenn sie beim Anblick der beiden Jungs still geblieben wäre, hätten die Jungs sie nicht erkannt:
Die 'doofe Kuh' hatte keine Zöpfe mehr. Selbst die Friseuse konnte diese nicht retten. Das Haar der 'doofen Kuh' war so mit den Kletten verfilzt, dass diese nun mit einem besonders kurzen 'Pony' herumlaufen musste.

Von da ab hatten Rolf und Georges stets Kletten in ihren Hosentaschen. Und wenn die 'doofe Kuh' in ihre Nähe kam, genügte es vollauf diese vorzuzeigen.
„Komm nur. Sollen wir wieder...?"

Aber einem der Räuber war nicht so leicht beizukommen. Er war stärker. Außerdem rammte er einem den Kopf so in die Magengegend, dass es einem schummrig wurde. Bis man wieder richtig zu sich kam, hatte er seinen Raubzug bereits erfolgreich beendet.
Oh. Gut informiert war er auch:
Denn nach dem 'Sieg' der beiden Jungs über die 'doofe Kuh' passte er Rolf und Georges einzeln ab.

Georges war spät dran. Plötzlich stand er allein vor der Hecke der katholischen Kirche. Und vor ihm stand sein 'Kopfstoß-Feind'.
Nein. Klein beigeben wollte er nicht. Denn jedes Mal, wenn er am Boden lag und nach Luft rang, wurde er ausgeraubt und er bekam überdies noch Fußtritte.
Er war dann 'unter die Räuber geraten'.
Und dazu das höhnische Gelächter!

Durch die Hecke flüchten?
Das ging nicht. Da waren zwei Stacheldrähte.
Der 'Kopfstoß-Feind' nahm Anlauf wie ein Stier in der Arena.
Eine kleine Körperdrehung wie ein Torero.
Noch etwas Schubunterstützung...
Und der 'Kopfstoß-Feind' hing in der Hecke fest.
Genau zwischen den zwei Stacheldrähten.
Jetzt bekam der 'Kopfstoß-Feind' seine Fußtritte zurück.

Gerade als er ihm auch noch all die Diebereien vergelten wollte, kam die Religionslehrerin und befreite den 'Armen'.
Das säte beim späteren Bäcker, der ein Lehrer war, erhebliche Zweifel an der Gerechtigkeit des Herrn, der Religionslehrer und der Religionslehrerinnen speziell.

Die aufgebrummte Strafarbeit wegen 'Schlagens eines Kameraden' war blanker Hohn.

Von den Schulkameradinnen war ihm eine besonderes zugetan. Mit ihr teilte er das Pausenbrot. Auch besuchte sie ihn daheim. Auf die Dauer war das einseitig.
„Du. Nimm mich doch auch einmal zu Dir heim."
Sie verstand das. Meinte jedoch:
„Mama meint, das sei keine gute Idee."
Nun.
Dass es bei ihr zu Hause ärmlich zugehen würde war klar.

Ihre Mama hätte Ansprüche als Kriegerwitwe gehabt, aber sie brachte es nicht übers Herz ihren vermissten Mann für tot erklären zu lassen.

Und sie wohnte in einer der rasch errichteten Barackensiedlungen.

Ihre Mutti war erfreut.
Aber sie könne nicht viel mehr als Wasser anbieten.

Es war alles gut. Bis ein Betrunkener hereinkam.
Angst breitete sich aus.
Ihre Mutti schob den Jungen und ihre Tochter hinaus.

„Hau ab," rief der Betrunkene dem Grundschüler zu.
„Und Dich krieg ich auch noch," musste anzüglich seine kleine Freundin hören...

Empfehlungen

Viele einheimische Lehrer wurden nach 1945 interniert. Die meisten Lehrer waren damals Neubürger, die Einheimische nicht verstanden oder verstehen wollten. Mehrfach wurde man ob der noch vorhandenen mundartlichen Einsprengsel von diesen Lehrern und Lehrerinnen bloßgestellt.
Und am Ende der Grundschulzeit erhielten viele deshalb nur die Realschulempfehlung.
'Zu mehr würde es eh' nicht reichen.'

Die Aufnahme in höhere Schulen, wie dem Gymnasium in der nächsten Kreisstadt, wurde damals oft nach dem Prinzip 'Wessen Kind?' vergeben.
Die Kinder der Doktoren und Direktoren durften alle ins Gymnasium in der Kreisstadt. Da einige davon wirklich überfordert waren, kamen diese später je nach Können und Geldbeutel zurück in die Realschule oder in Privatschulen.

Der Sohn eines Fabrikanten musste selbstverständlich aufs Gymnasium. Bald zeigte es sich, dass er dort den Anforderungen nicht gewachsen war. Um der Blamage zu entgehen kam er dann an eine Freie Privatschule.

Jahre später, beim Klassentreffen:
„Wo warst Du als Du von unsrem Gymnasium weggingst?
„Oh. Ich ging aufs Waldorf-Gymnasium."

„Und wie geht es Dir so?"
„Gut. So gut sogar, dass ich mir den neuesten Mercedes leisten kann."

Neidvoll bewunderten die Altersgenossen das prachtvolle Fahrzeug.

Seine Grundschulkameraden und seine ehemaligen Mitschüler vom öffentlichen Gymnasium kannten den Fabrikanten-Sohn anders und staunten Bauklötze.

„Und, wie machst Du es, dass Du Dir das leisten kannst?"
„Oh. Ich kaufe die Schraube um einen Pfennig das Stück und verkaufe es um vier. Und von den 3% lebe ich." [6]

Unglücklicherweise verkaufte er bald darauf mit der Mühlengerechtigkeit sein E-Werk, das sein 'Fabrikle' mit billigem eigenem Strom versorgte...

---

6 Einkauf um 1 Pfennig ≙ 100%, Verkauf um 4 Pfennig ≙ 400%
Handelsspanne: 300%

In der Realschule

Wer schwäbisch sprach durfte allenfalls auf die Realschule. Denn intelligente Kinder sprachen hochdeutsch, oder das, was die meist zugereisten Lehrkräfte als hochdeutsch bezeichneten.

So kam Georges auf die Realschule in der Stadt.
Auch da belächelten die meist nicht einheimischen Lehrer die immer wieder verwendete Mundart.
Am Ende der Realschulzeit wurde der Junge auch gefragt, was er denn werden wolle.
"Lehrer," war seine treuherzige Auskunft.
"Das schaffst Du nie."

Während der Zeit in der Grundschule verbrachte Georges die Schulferien bei seinem Großvater auf dem Bauernhof.

Und das waren, spätestens ab Pfingsten bis in den Spätherbst, alle Ferien.
Das galt auch fast für die ganze Realschulzeit.

Im Winter 'durfte' Georges für seinen Vater, der Zimmermeister und Bautechniker war, Baupläne colorieren:
Abbruch war mit gestrichelten Linien gezeichnet und musste gelb nachgemalt werden. Gestrichelt gezeichnet waren jedoch auch für den Neubau wichtige verdeckte Bauteile... Bestand wurde mit verdünnter Tusche grau ausgemalt. Neubau war satt rot auszumalen. Holz jedoch hellrot. Baulinien waren stets blau nachzuziehen.
Für Versorgungs- und Abwasserleitungen gibt es weitere Farbvorgaben.

Damals wurden Baupläne noch maßstabsgetreu mit Tusche und Bleistift auf Pergament gezeichnet.

Bei Fehlern konnten nur die Bleistiftstriche großteils ausradiert werden. Aber Fehler mit Tusche oder Farbe mussten mühsam ganz vorsichtig mit einer Rasierklinge vom Pergament geschabt werden. Löcher durften keine entstehen. Bei wiederholten Änderungen wurde das Pergament zu dünn. Oft 'durfte' er dann den ganzen Bauplan selbst noch einmal zeichnen...

Das Schlimme dabei:
Pergament, Tusche und Bleistift glänzten und spiegelten das auftreffende Licht. Die damals übliche Punktbeleuchtung durch einzelne starke Glühbirnen war besonders unangenehm.

Die wegen Kopfschmerzen aufgesuchten Ärzte rieten von einer weiteren Zeichen-Tätigkeit ab:
"Wenn Dir der Erhalt Deiner Sehkraft wichtig ist, dann solltest Du etwas Anderes machen..."

Baupläne lesen, colorieren und selber zeichnen waren kein Problem für Georges. Aber seine Augen:
Seinen Berufswunsch, Bauingenieur oder Architekt, konnte er vergessen.

Also was tun?
Also nach der Realschulreife erst mal das Abitur nachmachen.

Gymnasium

In der kleinen Stadt gab es zwar viel Industrie, aber kein Gymnasium...
Um zu einem der nächsten Gymnasien zu kommen war zuerst ein halbstündiger Fußmarsch zum Bahnhof angesagt, die Bahnfahrt und dann wieder 20 Minuten Fußmarsch. Allein morgens hieße das mindestens eine Stunde unterwegs sein. Nach der Schule noch länger: Denn dann musste man auf den nächsten Zug warten.

Da bot sich ein Gymnasium mit Heim in dreißig Kilometer Entfernung geradezu an. [7]

Außerdem bot dieses Internat einen musisch-naturwissenschaftlichen Zug an und hatte einen hervorragenden Ruf.

Der Jahrgang war dreizügig. Davon waren zwei Mädchenklassen 'intern' und eine gemischte Klasse 'extern'. Er war der einzige der 'externen' Klasse, der nach dem Mittagessen aus dem alten Internat in der Stadt den Berg hoch trabte um im neuen Teil der Schule, im Internat, zu übernachten.
Zum Mittagessen wäre er oben täglich zu spät gekommen. Deshalb durfte er als Einziger mit all den 'internen' Mädchen im alten Internat sein Mittagessen einnehmen.

Selbstverständlich war er dort 'der Hahn im Korb'. Freundlich bedankte er sich für die ihm von den Mädels zugeschobenen Extraportionen. Aber er blieb trotzdem stets zurückhaltend, ja reserviert. Und beschied alle Avancen freundlich mit:
"Kameradschaft: ja. Freundschaft: nein."

---

7 Das ehemalige ABG ist seit 1993 ein Bildungszentrum der OFD

Charme-Offensiven hatten bei Georges keinen Erfolg: Dies irritierte einige der jungen Damen und tangierte deren Selbstbewusstsein.

Es amüsierte Georges, wie die Mädels ihre Chancen ausloteten und dann ihre Reviere durch Absprachen 'absteckten'. Bei Jungs wäre das meist lauter und noch handgreiflicher abgegangen...

Die Mädchen wussten nicht, dass ihm Miss Lanz, die stellvertretende Rektorin, 'Fraternisierung-Verbot' verordnet hatte:
Wenn er mit einem der Mädels 'anbändele', müsse er sich extern eine 'Bude' suchen.
Und das konnte sich der Arme keineswegs leisten.

Es ärgerte Georges auch sichtlich, wenn irgendein Schnösel ein nettes Mädel ergatterte. Aber:
Was sollte er machen?

So aber hatte er neben seinen Schulkameraden und Altersgenossinnen auch einige nette Kameradinnen aus anderen Klassen, die mit ihm vertrauensvoll, nahezu kein Thema auslassend, fast alles besprachen.

Kurz: Er war bekannt wie ein 'bunter Hund'.
Umso mehr, weil dieses Gymnasium, neben ihm, auch vielen anderen das Rüstzeug für die Hochschulausbildung an der Pädagogischen Hochschule lieferte.

Das führte noch Jahre später bei Ausflügen mit seinen nahezu erwachsen Schülern dazu, dass er bei beliebten Ausflugszielen von ein paar Kollegen und vielen Kolleginnen namentlich begrüßt und nach dem Wohlergehen und dem woher und wohin gefragt wurde.

Als ihm eines schönen Tags nacheinander drei Kolleginnen um den Hals gefallen waren, standen seine Schüler und Schülerinnen fassungslos daneben, als ihm Babs auch noch um den Hals fiel:
"Du dia gucket ganz entgeistert," meinte Babs.
"Ja ich hab eben schon die Doro, d'Biggi und Lizi mit ihren Schulklassen getroffen..."
"...und dia hend sich au so gfreit wia i..."
"...und send mr um da Hals gfalla..."

"Doba bei dr Wallfahrtskirch isch au no ds Härle..."
"I muaß weiter, mei Klass..." "I au..."

Aber zurück zum Gymnasium. Die neuen Gebäude waren gut ausgestattet:
Eine eigene Sport- und Festhalle, darunter ein Lehrschwimmbecken, ein extra Musik-Pavillon, mehrere Werkräume und Fachräume für Biologie, Chemie, Physik sowie Kunst. Und natürlich eine Aula, die anfangs auch 'Villa Zugluft' genannten Internatsblocks mit Aufenthalts-, Schlaf- und Sanitärbereichen und ein extra Gebäude mit Küche und Speisesaal.

Föhnen

Georges erinnerte das Folgende an eine besondere Gewohnheit von seinem Großvater. Wenn er Ferkel aus unterschiedlichen Betrieben erhielt, dann waren sich diese oftmals nicht 'grün'. Es gab Streit. Oft bösen Streit, der über die üblichen Rangordnungskämpfe weit hinausging.
Dann musste Georges die Branntweinflasche holen.
Neben einem Schluck für sich, vermachte der Opa jeder Schweinchen-Schnauze eine Schnaps-Einreibung.

Jetzt rochen die Schweinchen alle nach Schnaps.
Und der Streit war vergessen.

Hier im Aufbaugymnasium trafen Regionen aufeinander. Die Meisten kamen vom Land und sprachen Schwäbisch oder kamen aus Hohenlohe.

Zu Viert auf einem Zimmer und zu Zwölft auf dem Stock mit anfangs Wildfremden. Das bei Tag und bei Nacht. Dann noch dazu weg von Zuhause in einer absolut neuen Umgebung. Das vertrug nicht Jeder und Jede klaglos.
Der Eine träumte laut oder schnarchte unsäglich.
Manch Eine weinte sich in den Schlaf.

Wenn die neuen Kameradinnen und Kameraden merkten, dass sich Traurigkeit einschlich, dann nahmen sie die Neue mit in ein Café oder den Neuen mit in eine Kneipe. Da wurden die Bedürftigen 'geföhnt'.

So eine Aussprache tut gut. Zumal sie meist mit einer gehörigen Portion Schnaps einherging.
Am nächsten Morgen sah dann die Welt wieder ganz anders aus.

Schwimmen

Georges freute sich sehr auf den Schwimmunterricht im Lehrschwimmbecken unter der Sporthalle.
Das Becken war gerade so tief, dass man noch gut darin stehen konnte. Außerdem hatte er ja schon, im Dorfweiher vor dem neuen Damm mit den zwei Durchlässen, das Schwimmen gelernt.
Georges hatte gehört, dass der Schwimmlehrer jedem das Schwimmen beibringe, aber 'gnadenlos' sei.
Deshalb reihte er sich zu den 'Nichtschwimmern' ein.

Die Nichtschwimmer wurden ins Becken gebeten und mussten sich beiderseits am Beckenrand aufstellen.
Die Schwimmer zogen ihre Bahnen. Schön.
Dann mussten die Nichtschwimmer Wellen machen.
Die Schwimmer zogen ihre Bahnen. Doch:
Franz verschluckte sich und musste aus dem Becken geholt werden. Als er sich erholt hatte, tadelte ihn der Schwimmlehrer gnadenlos und Franz musste zu den Nichtschwimmern. Wellen machen. Grins.

Als die Schwimmer 'fix und foxi' waren, wurde gewechselt. Die 'Nichtschwimmer' durften durchs Lehrschwimmbecken gehen. Das ging so lala.
Doch dann machten die 'Schwimmer' Wellen:
Die Wellen rissen die Nichtschwimmer von den Füßen.
Nun hieß es Paddeln und zum richtigen Zeitpunkt Luft holen. Oder kräftig schlucken und dann weiter...

Selbst die besten Sportler zogen sich nach dem Schwimmunterricht mühsam die Treppen hoch.
Aber diese Tortur hatte ein Gutes:
Hier lernte jeder das Schwimmen und das Atmen zum richtigen Zeitpunkt.

Als der Schwimmlehrer seine Schüler so weit hatte, dass jeder sich trotz Wellen sicher über Wasser halten konnte, nahm er sie mit ins Freibad. Tauchen üben, dann den Startsprung und in verschiedenen Lagen schwimmen.
Dabei tadelte er Franz immer wieder.
Zugegeben: Franz trödelte und maulte.
Es war offensichtlich, dass er den Schwimmlehrer und dessen Methoden als widerlich empfand.

Nach den Sprüngen vom Startblock folgten Sprünge vom Meter-Brett. Dabei gab es einige schmerzhafte 'Bauchpflatscher'. Danach hieß es:
"Alle aufs Dreimeterbrett. Jeder."
Der Schwimmlehrer im Jogging-Anzug stand oben.
Franz, mit seiner blauen Badehose, stand neben ihm.
Doch er jammerte:
"Ich will wieder hinunter. Ich hab Angst..."
Da traf ihn ein Schubs des Schwimmlehrers. Mit einer Hand hielt sich Franz an der weiten Kleidung des Schwimmlehrers fest... und beide fielen.

Als der Schwimmlehrer auftauchte und sich unterm Dreimeterbrett umsah war er allein. Über dem Wasser und auch unterm Wasser war kein Franz. Nirgends...

Über die ganze Bahnlänge weiter, an der unteren Treppe und nur für Außenstehende zu sehen, stand Franz mit dem Zeigefinger auf dem Mund. Während der Schwimmlehrer eiligst das Becken verließ, erschien Franz wieder im Wasser unter dem Dreimeterbrett um dann ein paar Meter weiter unter dem Einmeterbrett prustend und um sich schlagend aufzutauchen... Natürlich wurde er sofort von seinen Mitschülern 'gerettet'.

Von da ab ging der Schwimmlehrer nie mehr mit hoch zum Dreimeterbrett.

Das absolute Gehör

Der Musiklehrer war damals mehr mit seinem 'langen Häuslebau' als mit der Musik beschäftigt. Georges Erinnerung nach zeigte der Bauplan ein 28 Meter langes Bauwerk. Hauptsächlich bestehend aus einen langen Flur, von dem aus nach Süden alle anderen Räume lagen.
Der Physiklehrer meinte, das sei eine energietechnische Katastrophe. Doch der Musiklehrer widersprach vehement. Der Flur läge im Norden. Das sei optimal.

Der lange Neubau dauerte besonders lang, weil der Musiklehrer alles selbst machen wollte.
Die Kosten überstiegen den Voranschlag.
Weshalb der Musiklehrer nur einen 'Gogo' fuhr.
Doch eines Tages war der 'Gogo' vom Lehrerparkplatz einfach verschwunden. Der aufgelöste Musiklehrer klagte jedem, der ihm über den Weg lief, sein Leid.

Viele bedauerten ihn. Doch manche Schüler und Lehrer grinsten wissend: Der 'Gogo' stand seit Stunden wohlbehalten in der unteren Aula vor der Turnhalle. Schüler der Abschluss-Klasse hatten ihn in der ersten Stunde vorsichtig mit vereinten Kräften hineingetragen. Es musste nur ein Notausgang geöffnet werden und der Musiklehrer konnte über die Feuerwehrzufahrt heimfahren.

Der Physiksaal lag oberhalb vom Musikpavillon.
Der Chemiesaal daneben. An warmen Tagen wurden die Fenster geöffnet. Dann kam man während der Chemie- und Physik-Unterricht-Stunden vom 'Done' und 'Dodo' 'in den Genuss' von jedem Ton der Musiker.
Zwangsläufig kam es zu einer Auseinandersetzung.
Der Physiklehrer argumentierte, die schiefen Töne seien eine Zumutung. Zumal er das absolute Gehör habe.

Das glaubte ihm der Musiklehrer nicht.
„Doch, doch. Ich habe das absolute Gehör.
Die Schulglocke ist beispielsweise ein 'as' .“
„Oh nein! Die Pausenglocke ist ein reines 'a',“ meinte der Musiklehrer. Die Überprüfung erfolgte bei offenen Fenstern. Zum Vergleich diente der Flügel im Musikpavillon.

Die Pausenglocke ertönte. Es war kein 'a' .
Dodo hatte wieder mal Recht.

Noch Jahrzehnte später kannte jeder, der das ABG Gmünd besuchte, den Merksatz:
„Eine Sekunde ist der 86... Teil eines mittleren Sonnentages.“ [8]

Blick von Nordost auf das ehemalige ABG:
Oben waren die Fachräume für Chemie, Physik und rechts das Rektorat. Darunter war das Musikpavillon, dahinter links die Fachräume für Werken, rechts die Aula. Ganz rechts, hinter den Säulen war die Turn- und Festhalle und darunter das Lehrschwimmbecken.
Heute ist es eine Schule der Oberfinanzdirektion.

---

8 https://www.ptb.de/cms/ptb/fachabteilungen/abt4/fb-44/ag-441/realisierung-der-si-sekunde/die-geschichte-der-zeiteinheit.html

Wochenende

Die Chefköchin des Internats war stolz darauf, dass sie sparsam wirtschaftete. Sie beherzigte das schwäbische Prinzip *'no nex umkomma lassa'* und betrieb eine perfekte Resteverwertung. Das kommende Wochenende erkannte man auch daran, dass die aufgetischte Suppe eher ein Eintopf und ein perfekter *'Wochenquerschnitt'* war.
Als besonders preiswerte Zutat boten sich damals Kartoffeln an. So standen täglich Kartoffeln auf dem Speiseplan. Das wurde von den Vertrauensschülern schon lange beanstandet:
"Wie kann man Schwaben täglich Kartoffeln vorsetzen!?"

Man wurde gehört, aber nichts tat sich. Eines Tages waren auf allen ausgehängten Speiseplänen die Kartoffeln rot unterstrichen. Das fiel auf. Daraufhin bekamen sämtliche Vertrauensschüler einen Anpfiff:
"Ihr esst dasselbe wie wir vom Lehrpersonal. Basta."

In der nächsten Woche übriggebliebene Salzkartoffeln erlebten ihr tägliches Up-cycling zuerst als Kartoffelscheibchen, dann als Rösti und zuletzt als Kartoffelgratin. Dumm nur, dass zu diesem mehrfach 'up-gecycelten Kartoffelgratin' Rote Bete gereicht wurden. Vorsichtshalber wurden die Karoffel-Reste von den aufgebrachten Schülern mit dem restlichen Saft der Roten Bete eingefärbt. "Sonst sehen wir diese Kartoffeln am Wochenende auch noch im Wochenquerschnitt!"

Die Folge war eine Herabsetzung der Portion-Mengen. Was wiederum "Hunger"-Rufe und fast einen Schüleraufstand auslöste.
"Komisch, dass Euch die Menge nicht reicht. Ihr bekommt doch dasselbe wie wir Lehrertisch."

Auf Anweisung des Chefs erhielten die Schüler Brot:
"Die Jugend hat halt doch einen größeren Appetit."

Am nächsten Tag machten die für den 'Service' eingeteilten Schüler einen 'Fehler' und trugen das für den Lehrertisch vorgesehene Menü auf ihren Tisch und ihr Menü an den Lehrertisch.

Die Küchenchefin wollte diesen Fehler rasch beheben. Doch sie war zu langsam. Der Chef hatte es gesehen und es gab ein fürchterliches Donnerwetter. Aber es traf keineswegs die für den Service eingeteilten Schüler.
"Ich sag auch noch: Komisch, dass Euch die Menge nicht reicht. Ihr bekommt doch dasselbe wie wir Lehrertisch."

Von da an lief der allseits angesehene Chef nahezu täglich durch die Reihen und schaute, ob seine Schüler auch tatsächlich dasselbe Menü wie er bekamen.

Anfangs waren Heimfahrten an den Wochenenden nur einmal im Monat erwünscht. Später durfte man alle vierzehn Tage heim.
Nur dumm, dass Georges, die Wäsche ausging.
Also verschwand er flugs nach dem Frühstück und fuhr seine Schmutzwäsche heim.
Der Nachmittagszug war für die Fahrt ins Internat ideal. Die Zeit bis zum Abendessen reichte gut für den weiten Weg hoch ins Internat.

Er stieg aus dem Zug und bemerkte, dass seine Schulkameraden in alle Richtungen auseinander stoben.
Oh! Auf dem Bahnsteig gegenüber stand der Chef...
Und der hatte ihn bestimmt gesehen und erkannt.
Oh weh! Da blieb nur eins: Rede und Antwort stehen.
Also ging er langsam durch die Unterführung und drüben die Treppe wieder hoch.

Dort war der Zug aus der Gegenrichtung eingefahren.
Bekannte vom Chef stiegen aus.

"Guten Abend beieinander. Guten Abend Herr Dr. Steck."
Die Gäste waren erfreut.
"Das ist einer meiner Schüler," sagte der Chef stolz.
Und:
"Warst Du daheim?" *"Ja. Es war notwendig."*
"Wir sehen uns morgen."
"Ja. Ich wünsche Ihnen einen schönen Abend."
"Ein netter Junge," meinten die Gäste.

In dieser Nacht schlief dieser 'nette Junge' schlecht.
Aber nicht nur er.
Seine Kameraden zermarterten sich das Hirn:
"Ob uns der Chef gesehen hat?" Und:
"Was, wenn er uns erkannt hat?"

Am nächsten Morgen durften alle antreten.
Der Chef hatte alle erkannt.
"Ihr habt Euch alle unerlaubt vom Schulgelände entfernt!
So was geht nicht. Ich habe Aufsichtspflicht." -
"Warum bist Du heimgefahren?"
*"Es ist mir peinlich: Mir ist ein Malheur passiert.
Durchfall. Ich hatte keine frische Wäsche mehr."*
"Ich bin stolz auf Dich. Weil Du zu Deiner Tat stehst.
Das nächst Mal, wenn so was passiert lässt Du Dir
Ausgang geben." *"Ja Herr Dr. Steck."*
"Du kannst gehen." *"Danke."*

Für die anderen aber begann jetzt erst das
Donnerwetter:
*"Und am allerschlimmsten ist, dass nur einer dazu stand!
Nehmt Euch ein Beispiel. Ich will, dass jeder von Euch,
wie er, dazu steht, was er tut! ..."*

Kurzschuljahre

Die nächsten drei Schuljahre am 35 Kilometer entfernten Gymnasium waren bitter. An der Realschule wurde Wirtschaftsenglisch unterrichtet. Am Gymnasium war er plötzlich mit Werken von William Shakespeare, Original-Texten von Oliver Cromwell und Texten aus Australien konfrontiert. Hinzu kam Französisch als neue Sprache. Am schlimmsten aber war die Zeitnot: In der Zeit vom 1. April 1965 bis 31. Juli 1967 musste der Stoff von drei Schuljahren absolviert werden. Nach den zwei Kurzschuljahren vom 1. April 1966 bis 31. Juli 1967 hatten auch durch den unermüdlichen Einsatz von den ehemaligen Lehrkräften des Pädagogischen Instituts wie 'Miss Lanz' und 'Dr. Steck' 27 Schüler das Abiturzeugnis und 39 die Fakultätsreife.

Von den meisten in Georges Klasse studierten anschließend erfolgreich Pädagogik und wurden in den Schuldienst übernommen.
Die vermittelte Bildung umfasste neben dem gemeinhin geforderten Wissen, Einfühlungsvermögen und Geradlinigkeit.
Draußen in der Schulwirklichkeit konnte man Kollegen und Kolleginnen, die auf diesem Gymnasium waren, meist blind vertrauen. Leider existiert dieses erfolgreiche Gymnasium nicht mehr. Aber die Ehemaligen werden sich sicher noch an die hohen Anforderungen dieses Gymnasiums, dem persönlichen Einsatz und das Einfühlungsvermögen der Lehrkräfte und die Spitznamen 'Fifi', 'Dodo' oder 'Done' erinnern.

Ds Blümle

Immer wieder trifft Georges, der Bäcker, der ein Lehrer war, jemanden aus seiner alten Schule, die längst nicht mehr existiert.

Der Bäcker, der ein Lehrer war, erinnert sich, wie die Altersgenossen der Reichsstadt ihre Jubiläumsumzüge gestalteten. Böller weckten die Langschläfer auf.
Bald darauf zogen die 40er Altersgenossen über den Marktplatz. Viele Zuschauer kamen um zu gratulieren.
An den nächsten Sonntagen folgten die 50er, 60er, 70er, 80er. Die Reihen hatten sich immer mehr gelichtet.
Wieder kündigten die Böller ein Altersgenossen-Fest an.
Bei den 90ern war es damals nur noch ein Jubilar, der weinend die Gratulation der Zuschauer entgegennahm.
„Danke, danke. Aber meine Kameraden und Kameradinnen sind alle nicht mehr da."

Wenn man noch jemanden aus seinem Gymnasium träfe, dann sei das ein besonderer Tag. Aber gleichzeitig erfahre man, dass man von Der und Dem schon lange nichts mehr gehört habe. Oder dass sie verstorben sind.

„Ds Blümle isch au nemme."
Offenbar war er schon seit einiger Zeit nimmer ganz fit.
„Woisch no? Des war a ganz Ruhiger."
Trotzdem hatte dr Blümle eine kleine Freundin.
Der hat er dann immer wieder einige Blumen gebracht.

Einmal kam er ganz derangiert zurück:
Verwettert und ohne Blümchen.
Veilchen hatte er pflücken wollen:
Droben auf der Wacholderheide ob dem ehemaligen Kloster.
An dem Südhang müsste doch schon etwas blühen.

Frühling läßt sein blaues Band
Wieder flattern durch die Lüfte
Süße, wohlbekannte Düfte
Streifen ahnungsvoll das Land
Veilchen träumen schon,
Wollen balde kommen
Horch, von fern ein leiser Harfenton!
Frühling, ja du bist's!
Dich hab ich vernommen! [9]

Dieses Gedicht hatte ihn inspiriert. Der schöne Südhang glänzte im warmen Sonnenlicht.
Verlockend, nach dem langen Winter.
Vielleicht fand er auch ein paar duftende Veilchen.

Die Weide war eingemacht mit einem Zaun und obenauf Stacheldraht. Aber das war seinerzeit noch üblich und das Gatter stand Wagen-weit offen.

Der ansteigende Weg auf die Wacholderheide war trocken. Irgendwo müssten sich doch schon die ersten Veilchen zeigen. Vielleicht weiter oben.
„Go away !"
Zwei Männer stürmten auf ihn zu. *„Hands up !"*
Zwei Weitere sammelten den verwirrten Verirrten kurzerhand ein. *„Was haben Sie gesehen?"*
„So gut wie nichts," antwortete wahrheitsgemäß der Verdatterte. *„Was wollen Sie hier?"*
„Ich dachte, ich finde hier ein paar Veilchen."
„What ?"
„Veilchen, Viola odorata, die blaue Blume. Ich suche Veilchen für meine Freundin."
„You were looking for violets for your girl-friend ?"
„Ja."
„Oh my god ! Und dafür klettern Sie über einen Zaun ?"

---

9 Mörike, Eduard (1804-1875): Frühling läßt sein blaues Band

„Warum sollte ich? Das Gatter der Weide stand offen."
„Weide ? Gatter ? Offen ?"
„Meadow, ranch, gras-land." „The gate was open ?"
„Ja. Offen. Schauen Sie."

Als er sich umwandte sah der Blumenfreund mit Schrecken jetzt die Warntafeln auf dem Gatter.
„Sie sehen, Sie sollten hier nicht sein!"
„Ja. - Tut mir Leid. Aber von außen konnte ich die Schilder nicht sehen!"
„Was haben Sie gesehen?"
„Zwei die auf mich zustürzten und *„Go away !"* riefen."
„And you're only looking for violets ?"
„Sie mag Blumen, sehr."
„Keep away."
Mit diesen Worten wurde er hinaus geschoben und hinter ihm schloss sich das Gatter.
„You was never here."

Keiner würde ihm je glauben, dass er in diese Heide einfach so hineinlaufen konnte.

Genau so wenig, wie es den Mädels geglaubt wurde, dass sie an diesen warmen Frühlingstagen einfach Lust verspürten sich abzukühlen. Das Freibad war offiziell noch geschlossen. Aber da war ein Stück Zaun etwas lädiert, weil der Schneepflug dort den Schnee aufgehäuft hatte.

Angeblich wurde es Usus, dass die Mädels dort heimlich über den niedergedrückten Zaun kletterten um sich dort zu sonnen und zu baden. Allseits ohne natürlich.

Blöde nur, dass der Schäferhund des Bademeisters sie eines Tages entdeckte. Und der war ziemlich schnell...

Nur ein übereilter Rückzug und das plötzliche Interesse des Hundes an den zurückgelassenen Kleidungsstücken habe sie gerettet.

Glücklicherweise sei ihnen, auf dem Weg zum Mädchenblock, niemand begegnet.

Kaum hatte 'Ds Blümle' sein Abi, da erwischte ihn ein starker anhaltender Husten. Vom Krankenhaus kam er in die Lungenfachklinik. Verdacht auf TBC.
Der Hinweis:
Mit dieser Diagnose könne er seinen Berufswunsch, Lehrer, vergessen. Dass ihn dann auch noch seine kleine Freundin links liegen ließ, traf ihn schwer.
Ihre Begründung:
Ds Blümle sei ihr zuuu schüchtern gewesen.

Es habe ihr, so wurde erzählt, kein Glück gebracht:
Von ihrem ersten eigenen Urlaub brachte sie angeblich als Souvenir eine Schwangerschaft mit.
Der Vater ihrer Tochter sei ein Pizza-Bäcker...

Als Ds Blümle gesundheitlich und psychisch soweit war, dass er wieder studieren konnte, wählte er statt Pädagogik die Theologie. Als guter Musiker tat er sich dann mit einigen anderen Studenten zusammen.
Sie hatten Erfolg.
Das wurde von einigen besonders Christlichen kritisch beäugt. Einbestellt wurden sie wegen ihrem Bandnamen:
„*Die Schwarzkittel*"

Darauf tauften sie sich um auf:
„*The crazy Celibatants*"
Im Priesterseminar wurde ihnen das und ihre Auftritte kurzerhand untersagt.

Dafür gab sich das Quartett dem Wein hin.
Angeblich drückte es sie auf einem Heimweg derartig, dass sie sofort eine Ecke aufsuchen mussten.
„He. Was machen Sie denn da?"

„Wer bisch denn Du?" hallte es von der Straße herauf.
„Hier spricht der Sekretär vom Apostolischen Nuntius."

„Hano. Na bin i der nächtliche Brunzius," antwortete ihm angeblich der schlagfertige Band-Leader.
Der geistliche Herr schnaufte die Stiege hinab.
Die Gasse war leer. In der Ferne hörte er sicherlich, wie zum Hohn, das Gelächter des Quartetts.

Das Auftrittsverbot wurmte das Quartett sehr.
Trotzdem schloss Ds Blümle das Priesterseminar erfolgreich ab.

Ds Blümle und sei Chef

Ds Blümle wurde von der Diözese als Vikar einem Pfarrer einer Gemeinde mit rund dreitausend Einwohnern unterstellt. Das wunderte Ds Blümle anfangs sehr.

Aber der Pfarrer und er waren in Wirklichkeit Seelsorger für vier Gemeinden:
Vier Kirchen und mehr als ein Dutzend Kapellen in Einzelhöfen und Weilern wurden von ihnen betreut.
Der Pfarrer kannte 'seine Schäfchen', deren Sorgen, Nöte und Vorlieben sehr genau. Und lachend fügte er an:
„Ja. Es sind au a paar Schafböck drunter."

All das war schon zeitaufwändig genug. Doch:
Darüber hinaus war sein Pfarrer ein begeisterter Wallfahrer. Es verging kein Jahr ohne mehrere Wallfahrten. Die Ziele waren:
Rom, Lourdes, Altötting, Kirchen in Oberschwaben,...

Ds Blümle wunderte sich:
Seine Ministranten kannten, außer den obligaten christlichen Liedern auch viele weltliche Lieder und gar beichtwürdige Textfassungen...
Dies hätten sie auf dem Weg nach Rom gesungen.
Als er dem Pfarrer dies unter die Nase reiben wollte, meinte dieser:
„Als wir nach Rom fuhren sangen wir christliche Lieder."

Bestimmt hatten ihn die Ministranten gefoppt.
Ds Blümle war ja nicht dabei, da er im Seelsorgeverband 'die Stellung halten musste' während ein Großteil freudig mit dem Pfarrer auf Wallfahrt fuhr.
Als er die Ministranten deswegen ausschimpfte meinte eine Ministrantin trotzig:
„Fraget se halt mal da Busfahrer."

Für die Planung des Ministranten-Ausflugs bat er das örtliche Busunternehmen um ein paar Vorschläge.
„Ah. Will dr Pfarrer mal wieder wallfahra."
„Ja," meinte Ds Blümle, „diesmal die Ministranten."
„Do machet mit Eahne a schöas Programm."
„Darf ich sie Mal etwas fragen?"
„Älles Herr Vikar."
„Ich wundere mich über die Lumpen-Lieder, die hier auf den Festen gesungen werden und, dass die auch bei den Ministranten soo wohlbekannt sind."
„Des isch koi Wonder. Auf dem Weg muass ma die Leut au bei Laune halten. Aber bloß bis zom letzte Ort. Wenn mer in Wallfahrtsort oder nach Rom neifahret na betet se emmer und senget se christliche Lieder."

Die Meinung des, wegen seiner Menschlichkeit und seinem Einfühlungsvermögen, geschätzten Pfarrers über die Empfängnisverhütung:
„Zwoi oder drei Kinder. Des roicht.
Für mehr henner koin Platz. Sonst wird's au mit dem kloina Gehalt von Deim Ma eng."
„Aaber, dr Papst sagt..."
„Mädle. Der Herr gab Dir einen Kopf zum Denken.
Ond: All zu viel ist ungesund. Du hosch eh scho a Gebärmuttersenkung."

Leider hat der Bischof viele Ohren.
Der mutige Kaplan wurde strafversetzt.
In der Industriestadt sei man etwas weltoffener und freier. Die Bevölkerung sei dort nur knapp über die Hälfte katholisch und orientiere sich an Stuttgart.
Eine Zeitlang eckte der Kaplan kaum an. Aber:
Als ihm eines Tages eine Spende angeboten wurde, hatte er freimütig gesagt:
„No her dermit. Dr Bettelsack dr Kirch hot eh koin Boda."

Da durfte der spätere Pfarrer wieder einmal aufs Dekanat. Auch der Bischof erbat Antwort.

Dem Dekanat und dem Diözese lagen gleichzeitig die Bürger einer dreitausend Einwohner zählenden Gemeinde in den Ohren,...
Da würde der aufmüpfige Kaplan als Pfarrer wohl genug Arbeit haben. Und nicht weiter auffallen.
Aber, ebenso wie der sagenhafte Pater Brown, stürzte sich der neue Pfarrer mit großem Eifer auf die anfallenden Aufgaben in der ihm zugewiesenen Gemeinde.

Schon als Kaplan war der Pfarrer dagegen, dass in der Gemeinde eingenommenes Geld weltweit für 'Projekte' ausgegeben wird. Priorität habe bei ihm das Wohl der Kinder seiner Gemeinde.
„Gucket Euch amal des Kirchadach a. -
In da Kindergarta regnets nei,... -
Arme Leut gibt's au bei uns."

Der Pfarrer hat energisch mit vollem persönlichen Einsatz dafür gesorgt, dass das marode und morsch gewordenen Gebälk aller Kirchen und kirchlichen Gebäude saniert wurde. Die Dächer waren nun dicht und die Gebäude ansehnlich.

Vom Chefredakteur des landläufig als 'Ds Schwarze Blatt' genannten Tageszeitung erfuhr Ds Blümle zufällig, so nebenbei:
Hinterm dem Pseudonym eines bekannten Kommentators der Zeitung verberge sich ein Pfarrer, sein Pfarrer.

Damals demonstrierten viele Bürger friedlich vor dem Haupttor eines Armee-Stützpunktes.

Als sie begannen die Einfahrt zu blockieren, wurden sie von Polizeieinheiten weggetragen.
Es folgten Verwarnungen, Verwarnungsgelder, Platzverweis, Strafanzeigen und Strafbefehle.
Die meisten Bürger nahmen das hin.

Wer dagegen Einspruch erhob und sich durch die Instanzen klagte, verhinderte die Vollstreckung.
Dies und mehr wurde auch in der Tageszeitung kommentiert:
Es dürfe in keinem Rechtsstaat sein, dass der eine Bürger Strafen zahle und einsitze; wer aber den richtigen Richter bekäme, genug Geld habe und gute Anwälte, der bleibe ohne Strafe. [10]

Da 'beichtete' Ds Blümle :
„Do war i au. I trau s mich gar nicht es zu saga..."
„Dann schreibs auf !" Meinte kurzerhand sein Chef.

Als dem Dekanat und dem Bischof wieder einmal zu viel zu Ohren kam, wurden Ds Blümle und sein Pfarrer einbestellt. Als sie ankamen, hingen dort alle Fahnen auf halbmast. [11]
„Wisset Sia, worom do alles auf Halbmast ist?"
„Noi. Aber do isch mir jeder recht."
Gerettet haben den freimütigen Kommentator seine Erfolge bei der Jugend- und Gemeindearbeit und passende Bibelzitate zur rechten Zeit.
„Du sollst deinen Nächsten lieben wie dich selbst.
Es ist kein anderes Gebot größer denn diese:
Markus 12:31 und Matthaeus 22:37-40 "

„Ds Blümle und dr Pfarrer sind scho lang nemme.
Des waret Manner !" Ja.

---

10 Vergleiche hierzu auch: https://taz.de/!1863145/
11 Trauer-Beflaggung

Forelle blau

Georges und dr Blümle kannten sich schon vor ihrer gemeinsamen Zeit im Gymnasium. Der Einzugsbereich der örtlichen Jugendkapelle war weit. Unter der Leitung des Kapellmeisters lernten dr Blümle, Georges und viele andere Blasinstrumente und Schlagzeug.

Da die bekannte Kapelle in der Kunststufe spielte, waren die Anforderungen entsprechend hoch. Die jungen Musiker-Kameraden vom Blümle und Georges waren gerade Fünfzehn als sie neben ihrer Jugendkapellen-Kluft die schwere Uniform der Hauptkapelle erhielten.
Ihre Kenntnisse waren nun so gut, dass sie bei Geburtstagen und Jubiläen Ständchen für Firmenangehörige spielten und zum 'Hinunterspielen' bei Beerdigungen eingeteilt werden konnten.

Sie waren am Heiligen Abend über schwankende Leitern hoch in den Glockenstuhl mit ihren Instrumenten geklettert zum 'Kurrende blasen'. Oft lag auf der obersten Leiter Schnee. Der Zugang zum Glockenstuhl ließ sich dann nur schwer aufklappen. Meist war es dort oben zugig und verdammt kalt. So kalt, dass gar das Kondenswasser in den Instrumenten einfror.
Aber da mussten sie durch.
Wehe ihnen, der Dirigent hörte unten einen falschen Ton.

Größere Besetzungen spielten bei Festzügen, dann bei Konzerten und Wettbewerben und Abends auch noch zum Tanz auf. Auf der Bühne wurde es den Burschen nach und nach langweilig. Es gab für sie nahezu keinen Liedtext ohne fröhliche Textvariation. [12] [13]
So sangen die Burschen beispielsweise:

---

12 Ein Mädchen ging mal in den Wald https://www.deutsche-lieder-online.de/im-wald-da-sind-die-raeuber-ein-deutsches-volkslied.html

13 https://www.volksliederarchiv.de/im-wald-und-auf-der-heide/

„Im Wald und auf der Heidi
da such ich meine Freud: I ..."
Nur wer auf dem Tanzboden ganz genau zuhörte, bemerkte dies.

Eines Abends stifteten die Gäste laufend Bier und Schnaps. Nun, für die Bierkärtchen gaben die Getränkelieferanten gern das billigere Mineralwasser und den süßen Sprudel im Bierkrug.
Aber wohin mit dem Schnaps?
Zu viel ist zu viel. Also zuprosten und das noch volle Gläschen mit der Hand verdecken und den Inhalt in einem unauffälligen Moment in einem leeren Krug entsorgen.
Irgendeiner legte noch ein übriges Brötchen auf den Krug. Kurz vor der Pause rutschte es in den Krug.
Was für eine Sauerei.

Dr Blümle nahm den Krug mit hinaus und goss den Inhalt in den nahen Fluss.
„So. Jetzt können wir den Krug auch abgeben."

Nach einiger Zeit tat es in dem Fluss laute Pflatscher.
Was war das? Platsch!
Nochmals: Platsch!
Halbe-Meter lange Forellen benahmen sich plötzlich wie Delfine. Sie sprangen Salto. Aus dem Wasser und platsch! Wieder und wieder.

„Oh die armen Viecher. Hoffentlich passiert denen nichts."
Die armen Forellen hatten wohl das mit Schnaps getränkte Brötchen aus dem Bierkrug erwischt und gefressen.
„Die sind heute blau und haben morgen einen Kater."

Festumzüge und mehr

An vielen Wochenenden waren die Musiker darüber hinaus mit der ganzen Kapelle unterwegs zu Festumzügen und Konzerten. Bei manchen Gelegenheiten war die Anreise oftmals am Freitag.

Wer am Ziel Bekannte oder Verwandte hatte war versorgt. Die restlichen Musiker, so war es seinerzeit üblich, wurden von Gastfamilien aufgenommen.
Meist standen dann dort Mütter mit ihren Töchtern, die sich den jeweilig genehmen Übernachtungsgast aussuchten. Peinlich war, wenn Mütter und Töchter sich nicht einig waren, wer wohl der Richtige sei...
So hatte manch ein Musiker Gastgeberinnen, die gewisse Erwartungen hegten. Die kaum sechzehnjährigen Musiker fühlten sich sowohl geehrt als auch manches Mal überfordert:
So wurden sie beispielsweise mit einem lesbischen Paar oder einer Musiker-Frau konfrontiert, die unbedingt Kinderwunsch hegten.

Manch ein Übernachtungsgast erhielt das Mädchenzimmer. Amüsant wurde es, wenn sich die junge Gastgeberin des nachts in ihr Zimmer verirrte.
Meist waren dann geflüsterte Unterhaltungen mit kurzem harmlosem Kuscheln und flüchtigen Küsschen angesagt.

Ein Musiker musste vom Mädchenzimmer aufs Sofa umziehen, da die Frau Mama das Kuscheln bemerkt hatte. In der nächsten Nacht schloss die Mutter die Tochter in ihrem Zimmer ein, damit ja nichts passiert. Ahnte sie, dass die Beiden auch tagsüber die Finger nicht voneinander lassen konnten? Als Widerlager hatten sie am Nachmittag ein Abspannseil des Festzelts genutzt. Dumm nur, dass ihr Rhythmus am Seil auf das Zelt übertragen wurde...

Und jetzt sollten sie des nachts alleine schlafen?
Die junge Dame zeigte auf das Vordach aus Well-Eternit.
Als die Mutter am nächsten Morgen das Zimmer aufschloss verschwand der junge Musiker rasch.
Von da ab hatte das Vordach ein Loch... [14]

Eine Freundin der jungen Gastgeberinnen hatte sich spontan in den einundzwanzigjährigen Trompeter verliebt. Dem Trompeter gefiel die Freundin der Gastgeberin. So gut, dass er unbedingt sofort parallelen Zugriff brauchte. Aber wohin mit der teuren Trompete?
Kurzerhand versteckte er sie in einer Gartenhecke.
Die junge Gastgeberin wartete diese Nacht vergeblich auf ihren Übernachtungsgast.
Der Gast-Musiker war mit ihrer Freundin beschäftigt.

Am nächsten Morgen war die Kapelle zu einem Champagner-Frühstück eingeladen.
Das konnte man sich doch nicht entgehen lassen.
Der Gastgeber freute sich sehr, seine Lieblingskapelle aus seiner Heimat begrüßen zu dürfen.
„Ihr dürft so viel Champagner trinken, wie ihr vertragt. Aber eins: Ich will keine Scherben im Rasen."
Das war toll.

Dem Trompeter, der mit seiner neuen Freundin gekommen war, fiel aber danach siedend-heiß ein:
„Ich hab irgendwo in der Stadt, in einer Hecke meine teure Solotrompete versteckt."

Musiker sind Kameraden. Vom Champagner-Frühstück weg zogen sie los um anhand der vagen Angaben des Trompeters dessen wertvolle Solotrompete im schwarzen Kasten in irgendeiner Hecke zu suchen.

14 Vergleiche hierzu auch: „Erbarmen, Musikanten sind in der Stadt" https://genius.com/Reinhard-mey-musikanten-sind-in-der-stadt-lyrics

Selbst die neue Freundin des Trompeters hatte vorher noch nie beachtet, wie viele Hecken es in ihrer Stadt gab. Erst auf wiederholtes Befragen stellte es sich heraus, dass es wahrscheinlich eine Hainbuchen-Hecke war.

Feixend erzählte die neue Freundin des Trompeters: so nebenbei:
Ihr Bruder habe sie beauftragt, sie möge doch bitte, bitte, bitte dafür sorgen, dass der Gast-Musiker bei der jungen Gastgeberin keine Chance bekomme...

Es gab kein einfaches,
sondern ein dreifaches Happy End :
Georges fand die Trompete.
Der Trompeter heiratete die Freundin.
Und die verschmähte junge Gastgeberin?
Sie heiratete den Bruder Ihrer Freundin.

Die 'Muziekwedstrijden' in den Niederlanden haben die Beteiligten nie vergessen:
Wochenlang hatten sie im weitläufigen Werksgelände Märsche und dazu passende Formationen geübt.
Dabei stellte sich heraus, dass es sinnvoll ist, die Noten auswendig, ohne Notenblätter, spielen zu können.
Denn oftmals genügte schon ein kleiner Windhauch und das Notenblatt flatterte oder flog weg.

Dazu kam ein weiterer Effekt:
Weitläufige Formationen, bei denen Teile der Kapelle weiter als 15 Meter von einander entfernt sind, oder gar in unterschiedliche Richtungen marschieren, erleiden derartige Schall-Laufzeit-Verzerrungen, dass der Rhythmus nicht mehr übereinstimmt.
Das wurde einer irischen Marschkapelle zum Verhängnis:
Ihre Formationen waren weitläufig und grandios.

Die Kapelle teilte sich. Die Musiker marschierten gegenläufig, voneinander, zueinander, über Kreuz... Eine gelungene Augenweide. Aber die Laufzeit-Unterschiede des Schalls und unerwartete Echos an den steilen Besucherrängen des Stadions machten sich sehr deutlich im Rhythmus und im Klangbild bemerkbar.

Dagegen waren die Formationen der eigenen Kapelle klein-klein. Sie beschränkte sich auf ein kleines Quadrat mit 15 auf fünfzehn Meter.
Das Klangbild aber war bombastisch.

Unter starkem Murren der Zuhörer wurde von den Juroren den Iren der Erste Preis zuerkannt.

Die Zwischenrufe wurden fortgesetzt. Dann wurde die Siegerehrung mit der Begründung verschoben:
Es hätte sich ein Rechenfehler eingeschlichen.
Im Endeffekt bekam die Irische Kapelle mit der Deutschen Kapelle den 1. Platz.
Den Wanderpokal müssten sie sich teilen.
Der deutsche Dirigent war darob so verschnupft, dass er die Annahme ablehnte. So ging der Pokal nach Irland.

Trotzdem kam es unter den beiden Kapellen zur Verbrüderung. Die irischen gingen mit den deutschen Jungs abends in ein Tanzlokal. Es wurde ein gelungener Abend. Bis eine der Holländerinnen einen der Schwaben fragte, ob er auch in Dublin wohne. *„Nein."*
„Wohnst außerhalb von Dublin?" *„Ich bin Deutscher."*
Innerhalb kurzer Zeit standen die deutschen Jungs allein auf der Tanzfläche. Die Iren fanden das gemein:
„Wenn ihr geht, gehen wir auch."
Irritiert standen nun die Mädchen alleine da.

Musik in Höchstform

Bei Musik-Wettbewerben kam es vor, dass andere Dirigenten dringend Ersatz für Erkrankte brauchten. So wurden einige Musiker, darunter auch dr Blümle und Georges, kurzerhand 'ausgeliehen' und in eine andere Uniform gesteckt. Statt dem Pflichtstück und der 'Kür' für die Kunststufe spielten sie dann brav auch noch vorher die 'Pflicht' und 'Kür' in den Leistungsstufen der 'Ausleihenden'.

Noch schwieriger wurde es jedoch, wenn sie plötzlich einem Kammerorchester zugeteilt wurden. Gegenüber dem Chor und bei Streichern mussten sich die Bläser deutlich zurücknehmen. Laut spielen ist einfach.
Mit Blechblasinstrumenten ist leises sauberes Spielen jedoch wesentlich schwieriger. Bei historischen Holzbühnen, wie die im Schwetzinger Schloss, fordert die hervorragende Akustik Blechbläser besonders.

Hinzu kommt, dass viele alte Stücke statt dem Violin-Schlüssel den Alt- oder Bratschen-Schlüssel verwenden.
Unaufmerksame spielen dann statt dem c' ein h' und statt dem d' ein c" und das klingt fürchterlich...
Der Violin-Schlüssel ist ein g'-Schlüssel, das sich auf der zweiten Linie von unten befindet.
Der Alt-Schlüssel ist jedoch ein c'-Schlüssel, das c' ist auf der dritten Linie.
Der Bass-Schlüssel ist ein f-Schlüssel; er kennzeichnet das f auf der vierten Linie von unten.
Das übliche c' statt dem E oder c" statt e klingt dagegen fast manierlich.

Hinzu kommt, dass das Stück beispielsweise in C notiert ist, aber als B, F, Es oder D,... gespielt werden soll.
So viele Stimmbögen hat kein Musiker dabei.
Sicherlich, es gibt die sogenannte 'Kuhlo-Griffweise'.

Aber die stimmt auch nur bei einer Stimmung.
Dann heißt es trotzdem transponierend vom Blatt spielen.
Mit der Tonart verschieben sich aber auch die Halbtöne.
Ein falscher Halbton...
Die bösen Blicke von den Streichern, dem Chor und dem Dirigenten sind schon in der Probe äußerst peinlich.

Musik ist dann besonders Schweiß-treibend.
Weil man vorher in Sekunden-Bruchteilen die vorgegebenen Noten auch noch richtig umrechnen muss.
Gemein wird es dann, wenn man, mit Instrumenten in der tiefen B- oder F-Normal-Stimmung Stücke von Bach oder Händel in strahlend hellem d spielen muss.

Die Ouvertüre der Feuerwerksmusik von Georg Friedrich Händel ist beispielsweise in D-Dur und h-Moll.
Georges:
„Soweit ich es noch richtig weiß, ist die Bourrée in d-Moll der dritte und vierte Satz wiederum in D-Dur.
Der fünfte Satz ist anfangs, wie das Bourrée, in d-Moll.
Zum Schluss aber, festlich, wie der vierte Satz in D-Dur."

Wer da, beim Transponieren, nicht aufpasst erwischt falsche Halbtöne. Und das fällt jämmerlich auf.
Der Gesamteindruck ist dann lausig schlecht.
So schlecht, dass bei einem Festakt des Gymnasiums sogar der sonst schüchterne Blümle kommentierte:
„Das will ein Kammerorchester sein? -
So hätten wir es auch hingekriegt!"

Der beschämte Kurator des Kammerorchesters drehte sich wütend um:
„Wenn Ihr Schüler das mit Euren Instrumenten besser hinbekommt, dann verzichten wir auf unsere Gage."

Das hätte er besser nicht gesagt.

Zumindest probieren wollten die Schüler es.

Die hohe Stimmung bei Bach oder Händel mit herkömmlichen Instrumenten spielen?
Und auch noch besser als das Kammerorchester mit seinen Bachtrompeten? Das sei nahezu unmöglich.
Da waren sich die Gäste und die Lehrer einig.

Aber was konnten die Schüler und das Gymnasium verlieren? Nur das Kammerorchester setzte seine Gage aufs Spiel. Die nächsten Wochen und Monate, bis zum nächsten Festakt wurden brutal.

Der Druck auf die Lippen der Bläser ist bei den hohen Tönen um ein Vielfaches höher. Und das tat weh.
Dann brach sich auch noch ein Trompeter den Arm.
Aus der Traum. Doch der ließ sich den Gips so richten, dass er trotz Gipsverband spielen konnte.

Der Festakt begann. Mit in der ersten Reihe saßen siegesgewiss der Kurator und der Dirigent des Kammerorchesters.
Zum Schluss wurde Georg Friedrich Händel:
Die Feuerwerksmusik angekündigt.

Fünf Sätze, etwa zwanzig Minuten. Sorgenvolle Blicke streiften immer wieder die Musiker und den verletzten Trompeter mit seinem Gipsarm. Doch sie gaben dem Musiklehrer das vereinbarte Zeichen: Ich kann noch. Weiter! Das heitere D-Dur des Menuetts erschallte.

Frenetischer Beifall und überraschte, ja betroffene, Gesichter beim Dirigenten und Kurator des Kammerorchesters.
Der Kurator gratulierte und stand zu seinem Wort.

Musterung

Georges hielt sich, bis auf wenige Ausnahmen, brav an Schulordnung. Die Neuen durften frühestens nach vier Wochen heim. Später wurde turnusmäßig alle vierzehn Tage eine Heimfahrt genehmigt. Auch anderer Ausgang, zum Beispiel abends fürs Theater, wurde später anstandslos genehmigt. Bei Kinobesuchen sollte man danach jedoch auch eine Kinokarte vorweisen können... Ganz Schlaue suchten nach der Kino-Vorstellung weggeworfene Kinokarten, denn sie hatten sich anderweitig 'fortgebildet' und vergnügt. Manchmal fragte die Heim-Aufsicht auch die 'Spätheimkehrer' schmunzelnd, welcher Film besucht wurde....

Spätere Schüler dieses Gymnasiums erzählten, dass sie ab 1968 die Filme tatsächlich anschauten:
Die Oswald Kolle Produktionen waren 'der Renner'.

Eines Tages kam bei Georges zuhause ein Brief an.
Georges Vater musterte das Schreiben und unterschrieb.
Da er wusste, dass Georges am übernächsten Wochenende heimkommt, legte Georges Vater den Brief auf den Wohnzimmerschrank.
Danach wurde der Brief vergessen.

Niemand dachte mehr an den Brief.
Der gesetzte Termin verstrich.
Jetzt wurde Georges gesucht. Warum kam er nicht zur Anmeldung zur Meldebehörde?
Zuhause war er nicht anzutreffen. Wen wundert es?
Er war doch auswärts im Gymnasium und kam nur alle vierzehn Tage heim.

Und der Brief mit der Aufforderung sich bei der Ortspolizeibehörde zu melden?

Den hatte Georges Vater entgegengenommen.
Und der hatte den Brief auf den Wohnzimmerschrank gelegt und dann vergessen.

„Dann muss sich der Sohn unverzüglich am Ort des Gymnasiums melden."
Georges Vater rief im Gymnasium an. Georges wurde aus dem Unterricht geholt. Jetzt erfuhr er, dass er sich unverzüglich bei der Ortspolizeibehörde melden muss.

Brav trabte Georges zum Rathaus. Doch die zuständige Stelle befand sich in einem alten Nebengebäude.
Es dauerte eine Weile, bis er die richtige Dienststelle fand. Georges klopfte.
„Moment!"
Nach geraumer Zeit:
„Ja!"
„Guten Tag ich soll mich hier melden."
Dort residierende ein missmutiger Zwölfender.
„Die Stammrollen-Nummer!"
„Weiß ich leider nicht. Mir wurde nur gesagt, dass ich mich hier melden soll."
„Geben Sie mir den Brief!"
„Ich habe keinen..."
„Der wurde Ihnen vor mindestens drei Wochen zugeschickt!"
„Ich habe ihn nicht."
„Sie haben den Empfang bestätigt."
„Nein. Der Brief wurde an meine Heimatadresse geschickt. Der wurde von meinen Eltern in meiner Abwesenheit entgegengenommen."

„Sie heißen?"
„Georges..."
„Ist das Ihr Nachname?"
„Nein mein Vorname. Ich heiße Georges ...

„Warum kommen Sie erst jetzt?"
„Ich habe eben erst telefonisch davon erfahren..."
„Geburtsjahr?"
„19..."
„Adresse?"
„Meine Heimatadresse oder die der Schule?"
„Ihre derzeitige Wohnadresse," donnerte der Beamte.
„Also die Adresse meiner Schule..."
„Welcher normale Mensch wohnt in der Schule..."
Georges atmete tief durch und fragte dann:
„Darf ich Sie höflichst bitten mir Ihren Namen zu sagen."
„Der steht draußen an der Tür!"

Georges stand auf, ging hinaus, die Treppen hinab, über den Marktplatz und dann hinauf zum Gymnasium mit Heim.

Am nächsten Tag wurde Georges wieder aus dem Unterricht geholt.
Im Rektorat erwarteten ihn zwei Polizisten.
„Sie sind nicht zur Wehrstammrollen-Anmeldung gekommen."
„Doch. Aber der Beamte hat mich des Zimmers verwiesen, weil ich ihn nach seinem Namen gefragt habe."
„Warum haben Sie ihn nach seinem Namen gefragt?"
„Ich bin es gewohnt höflich zu sein und alle mit ihrem Namen anzureden."
Der jüngere Polizeibeamte zückte die Handschellen.
„Muss das sein?"
„Kommen Sie freiwillig mit?" fragte der Dienstältere.
„Ich sage Ihnen auch meinen Namen. Ich bin... Versprechen Sie mir nicht auszubüxen?"
Georges erbat von der Sekretärin Papier und Bleistift um den Namen zu notieren.
„Selbstverständlich Herr ... Warum sollte ich ausbüxen?"

Der jüngere Beamte murrte:
„Du wirst sehen, der büxt aus. Ich kenne diese Typen."

Misstrauisch geleitet vom Jüngeren verbrachten die Beiden Georges zur Meldebehörde.

Der Zwölfender war noch missmutiger und noch lauter als zuvor. Er war so laut, dass ihn der ältere Polizist um Mäßigung bat. Doch vergeblich. Der Beamte brüllte.
Die Erfassung des Wehrpflichtigen artete aus.
Die Kollegen fragten schon ob alles in Ordnung sei.

„Warum brüllen Sie mich an?" fragte verzweifelt George.

„Sie heißen?"
„Georges..."
„Ist das Ihr Nachname?"
„Nein mein Vorname. Das wissen Sie doch! Ich heiße Georges ...
„Warum kommen Sie erst jetzt?"
„Ich habe erst vorgestern telefonisch davon erfahren..."
„Geburtsjahr?"
„19..."
„Ihre derzeitige Wohnadresse," donnerte der Beamte.
„Also die Adresse meiner Schule..."
„Welcher normale Mensch wohnt in der Schule..."
Georges atmete tief durch und fragte dann:
„Was wollen Sie. Sie haben alle meine Daten. Die Daten stimmen. Darf ich Sie höflichst bitten mir Ihren Namen zu sagen."
„Der steht draußen an der Tür ! ! !"

„Sehen Sie," sagte daraufhin Georges: „So hat er es mir gestern auch gemacht," und stand auf.
„Was wollen Sie mit dem Namen? Sich beschweren?"

„Ich will nur höflich sein.."
„So geht das nicht." griff der dienstältere Polizist ein und schickte seinen jungen Kollegen vor die Tür um das Türschild laut vorzulesen.
„Sie sind der Amtsrat... - stimmt das Türschild?" -
Der Zwölfender bejahte.

„Haben Sie alles was Sie brauchen?"
Der Zwölfender nickte.
„Wenn alles erledigt ist, dann können wir jetzt gehen."

Unter den kritischen Augen der aufgeschreckten Rathaus-Angestellten verließen Georges und die beiden Polizeibeamten das Amt, liefen die Treppen hinab zum Marktplatz.

„Müssen wir zur Musterung wieder kommen?" fragte freundlich der dienstältere Polizist.
„Nein. Ich hab jetzt die Mitteilung."

„Dann ist es ja gut. Was machen Sie jetzt mit dem Namen des Amtsrats? -
Sich beim Bürgermeister beschweren?"
„Das bringt doch nichts, außer Ärger."

„So kann man das auch sehen. Ade. -
Auf Wiedersehen sag ich lieber nicht."
„Ich geh allein zur Musterung. Ihr habt bestimmt Wichtigeres zu tun. - Ade."

Georges hörte noch, wie die Polizisten sich auf dem Weg zur Polizeistation unterhielten.
„Ich hätt jede Wette gemacht: Der büxt aus."
„Und ich hätt dagegen wetten sollen. -
Das Feierabendbier hätt ich gewonnen."
„Das zahl ich Dir auch so."

Georges erschien pünktlich um Neun zur Musterung.

Die beiden Ausfertigungen für die Wehrersatzbehörden von dem Zwölfender bei der Meldebehörde war nur schwer entzifferbar.
Die notwendige Rückfrage bei der Meldebehörde brachte die erste Verzögerung. Der arme Rückfragende hielt den Telefonhörer einen halben Meter weit weg vom Ohr.

Danach hieß es in ein Glas pinkeln, unter Anwesenheit eines Sanitäters. Er müsse leider dableiben, sonst könne man Sonst was ins Urin schmuggeln.
Im Kasernenhofton wurden daraufhin von einem Uniformierten die Daten von Georges nochmals überprüft. Georges bat ihn, er möge doch bitte etwas leiser sein. Als junger Bürger möchte er ihn auch mit Namen ansprechen und erbat dessen Namen.

„Da kann ja jeder Dahergelaufene kommen..."
„Sie haben mich eben auch nach meinem Namen gefragt," konterte Georges und 'Ich möchte höflich sein und Sie mit Ihrem Namen ansprechen."

Das darauf folgende Gebrüll des Uniformierten lockte den netten Sanitäter herein.
„Das ist ... und ich heiße Meier mit ei," sagte er leise verschmitzt grinsend.
„Bisher hat der Jeden eingeschüchtert."

Im nächsten Raum wurde Georges als sie sahen, dass er Abiturient ist, nach seinem Einsatzwunsch bei der Bundeswehr gefragt.
„Bei der Luftwaffe und bei den Funkern würde es mir, gefallen."

„Haben Sie Ostkontakte?"
„Wie kann man so fragen:
Wenn ich welche hätte, würde ich es Ihnen nicht sagen."

Der Sehtest erbrachte Abweichungen. Er konnte einige der farbigen Zahlen und Buchstaben nicht erkennen. Hinzu kam seine starke Kurzsichtigkeit. Ohne Brille ging gar nichts.

Danach hieß es sich ausziehen. Jetzt wurden die Reflexe getestet und die Hoden begutachtet.

„Einatmen. Luft anhalten."
Die Lunge wurde abgeklopft.
„Unterhose anziehen. Zehn Kniebeugen."
Danach war Georges puterrot und am Umkippen.
Er hatte doch glatt das Atmen vergessen.

„Ganz anziehen."

Das Ergebnis seiner Musterung:
„So Leute wie Sie können wir bei der Bundeswehr nicht gebrauchen."

„Das ist aber schade, ich wäre so gern Funker geworden."
„Raus!"

Georges stand vor dem Kreiswehr-Ersatzamt und hatte plötzlich, trotz allem, einen Wehrpass.

Alles neu...

Die Schule und die Internatsblocks waren nagelneu. Georges, der spätere Bäcker, der ein Lehrer war, wusste von seiner Tätigkeit als Bauzeichner für seinen Papa, dass nahezu alle Neubauten überraschende Eigenschaften haben.
Eines Tages wunderte er sich, als er nach dem Mittagessen hochkam, dass nahezu alle Mädels vom Mädels-Block in Richtung der zwei unteren Internatsblöcke schauten. Aber warum standen die alle an den zum teils offenen Fenstern? Was war da in Richtung untere Blöcke oder Stadt so interessant?

Die Mädel verrieten es ihm nicht.
Eine Woche später: Dasselbe Bild. Nahezu alle Mädels vom Mädels-Block schauen gebannt in Richtung der zwei unteren Internatsblöcke. In Richtung Stadt war wieder nichts Außergewöhnliches, was einen derartigen Auflauf auslösen könnte. Komisch.

Die ganze Treppe hoch zu den Schlaf- und Arbeitsräumen war voller Wassertropfen. Irgendein 'Sauigel' hatte sich nicht sauber abgetrocknet.
"Kann es sein, dass ihr gerade alle geduscht habt?"
"Ja warum?"
"Weil die ganzen Mädels gerade an den Fenstern hingen."

"Das gibt es doch nicht. Die Fenstergläser in der Dusche sind doch geriffelt."

Aber sie waren auf weitere Entfernung keineswegs blickdicht! Die einzelnen Gliedmaßen waren, trotz dem geriffelten Glas, deutlich erkennbar...

Die Holzvertäfelung der Wohnblocks war ein Hingucker.
Nur:
Eines Tags tat es einen fürchterlichen Schlag. Eine der Vertäfelungen hatte sich selbständig gemacht und hätte glatt jemand erschlagen können... Danach mussten alle Vertäfelungen extra gesichert werden.

Steifer Westwind drückte so gegen die stahlblau gefärbten Rahmen der Metallfenster, dass sich die Zwischentüre vom Arbeitsraum zum Schlafteil wie von Zauberhand bewegte.
Auch konnte man dann am Fenster bequem jede Kerze vom Wind ausblasen lassen. Die Erstbezieher nannten diese Blocks deshalb 'Villa Zugluft'. Später zusätzlich eingebaute Dichtungen machten diesem Elend ein Ende.

Zwischen zwei Schulstunden rannte ein Schüler kurz auf die 'Bude' um noch rasch etwas zu holen. Als er 'seinen' Internatsblock betrat, tat es einen lauten Rums.
Plötzlich lagen überall Scherben. Der, fast zu Tode Erschrockene, hatte das dicke Glas der Türe übersehen.
Er war einfach durchgelaufen, ohne jedwede Verletzung.
Von da ab bekamen alle Glastüren auf jeder Seite einen dicken, zwanzig Zentimeter hohen Querholm aus Holz.

Die Werkräume der Internatsschule waren sehr gut ausgestattet. Geld war zu seiner Zeit knapp. Für seine Lieben könnte man doch Silberschmuck machen.
Die dafür notwendigen Silberbleche könne man preisgünstig im Großhandel erwerben, ebenso Lot und alles Weitere.
So entstand mit Genehmigung des Werklehrers und der Heimleitung eine 'Silbermanufaktur'.
Da die Schmuckstücke gefällig ausfielen, gab es nach einiger Zeit auch Nachfrage außerhalb des persönlichen Bekanntenkreises.

Einige Schmuckstücke wurden an Soldaten verkauft, zu einem für die örtlichen Juweliere unschlagbaren Preis. Als sich ein amerikanischer Offizier dann bei einem Juwelier über dessen Preise beschwerte, war alles aus: Die Beschwerde lief über die örtliche Handelskammer.
Deren Kommentar:
Die Qualität sei gut gewesen.
Aber, dass Schüler den örtlichen Juwelieren die Preise verdürben. Das ginge zu weit.

Die ganzen Blocks waren unterkellert. Wenn nicht der Hausmeister gewesen wäre, wären diese Räume ideal gewesen um dort heimlich etwas zu lagern. So aber hatten die Bewohner eines Blocks plötzlich ein Problem:

Ein Winzer hatte händeringend übers Wochenende Leute für seine Spätlese gesucht. Sein Neffe fragte prompt seine Schulkameraden und diese bekamen die Erlaubnis bis zum späten Sonntag-Abend auszubleiben.

Die Arbeit im Weinberg war anstrengend und dauerte länger als gedacht. Doch sie brachten die Trauben noch trocken ein. Der Winzer war glücklich und fuhr die Jungs am späten Sonntag-Abend zurück ins Internat.
Dort macht er den Kofferraum auf und stellte den Jungs zwei Holz-Kisten Wein vor die Füße.

An der Schule und besonders im Internat herrschte Alkoholverbot. Aber jetzt wohin so schnell mit dem Wein? In einen Spind? Besser nicht. Der Chef machte gemeinsam mit dem Heimleiter immer wieder Spind-Kontrollen.
Seit dem ihm dabei ein Bügelbrett auf den Kopf gefallen war, 'durfte' jeder 'seinen' Spind selber öffnen.
In den Bettkasten? Da ließ er auch nachschauen.

In den Schuhputzraum? Da wurde auch nachgeschaut. Zwischenzeitlich wanderten die zwei Kisten in eine dunkle Ecke vom Keller. Aber auf Dauer war der gute Wein dort in Gefahr.
"Du was ist eigentlich hinter dem Heizungsgitter?"
"Was denn wohl? Blödmann! Eine Heizung natürlich!"
Georges schaute trotzdem nach:
Der Hohlraum war für eine Heizung vorgesehen...

In den nächsten Wochen vor dem Abitur köpften sie abends jeweils eine Flasche von dem guten Wein. Beinahe wären sie einmal beim Entkorken der Flasche erwischt worden...

Damals waren Kurzschuljahre.
Der Schuljahresbeginn wurde, von Ostern auf Anfang September, umgestellt. Neben dem Lernen des Stoffs von drei Schuljahren in zwei Jahren blieb kaum Zeit.
Mehrtägige Ausflüge, Schullandheim?
Das gab es nicht.
Selbst den Tanzkurs ersparte Georges sich. Den hatte er am Ende seiner Realschulzeit schon absolviert.

Das hier geforderte Englisch aus der Zeit von William Shakespeare und Oliver Cromwell waren ihm fremd, da in der Realschule mehr das technische moderne eher amerikanische Englisch gefordert war.
Das bedeutete Lernen, Lernen und nochmals Lernen.

In den Schulferien arbeitete er, sammelte die Rapporte und Lieferscheine auf einer einige Kilometer langen Großbaustelle und rechnete die ab. Das so erarbeitete Geld reichte gerade so für den Führerschein.

Ein Leben lang Schule

Architekt oder Bautechniker durfte Georges wegen seiner bereits stark beeinträchtigten Augen nicht werden.
Die stärksten Gläser reichten bei ihm gerade noch, um seine starke Kurzsichtigkeit auszugleichen.
Aber Lehrer könnte er werden. Auch wenn die Berufsberatung vom damaligen Arbeitsamt meinte: Georges wäre dafür zu intelligent.

Also auf Lehramt studieren.
Da die geforderten Fächer Soziologie, Philosophie, Psychologie, Pädagogik, Chemie, Mathematik sich mit Religionspädagogik zeitlich überschnitten, belegte der junge Mann die Vorlesungen und Übungen die zeitlich zusammen passten. So kam es, dass die verdutzten Dozenten ihm am Schluss die 'Missio' und die 'Vocatio' anboten, also beide Religion-Lehrbefähigungen.

Während der ersten Semester an der Hochschule arbeitete er abends und oft auch nachts in der Datenverarbeitung. Oft ging er von den Computern weg direkt in die Vorlesung. Deshalb konnte er etliche Male nur mit Mühe die Augen offen halten.
Der Schreck war groß, als ihn der Dozent zu sich zitierte.
„Was wissen Sie über meine heutige Vorlesung?"
Brav und voll Angst zählte er auf, was er mitbekommen hatte. Wenn das nicht ausreichte, konnte er von der Hochschule verwiesen werden.
„Unterschreiben Sie hier!"
Nein. Ohne es zu lesen würde er nichts, überhaupt gar nichts unterschreiben!

Seit dieser Zeit fährt Georges nur Wagen des VW-Konzerns. Er war ein Stipendiat der Volkswagen-Stiftung.

Trotz dem Stipendiat war das Geld knapp.
Georges verdiente sich Einiges dazu, indem er in den Vorlesungen mitschrieb.

Es war wunderschön warm geworden. Die Vorlesung begann. Von den üblichen rund 30 Studenten waren nur vier da. Der Dozent registrierte dies unwillig mit:
„Da kann ich ja gleich zu Hause bleiben."
„Nein Herr Professor, bitte nicht."
„Warum?"
„Sie sehen hier zwar nur vier Zuhörer, aber wir schreiben für unsere Kameraden mit..."
„Wie?"
„Mit Kohlepapier."

Tatsächlich:
Georges allein fertigte mit dem Kugelschreiber seinen Aufschrieb und zugleich sechs gut lesbare Durchschläge...

Der Dozent verlegte die Vorlesung daraufhin in die Cafeteria. Und er stiftete Kaffee, Kuchen und zuletzt sogar für jeden seiner vier Zuhörer Eis.

Die nächste Vorlesung war außerordentlich gut besucht. Aber es gab nur Vorlesung...

Die Analyse

In der analytischen Chemie wurde die qualitative Analyse einer unbekannten Stoffprobe auf ihre anorganischen Bestandteile verlangt. Dafür hatten die Studierenden sechs bis acht Stunden Zeit.

Nach der optischen Begutachtung wurde die Stoffprobe üblicherweise im Mörser gut durchmischt und in zwei Chargen, die Probe und die Gegenprobe, geteilt.

Die Anionen-Nachweise waren 18 Arbeitsschritte, die akkurat durchgeführt werden mussten.

Carbonate, Sulfide und Acetate lassen sich direkt nachweisen.

Die Nachweise der Sulfate, Nitrate, Phosphate, Chloride, Bromide, Jodide und Thiosulfate funktionierten jedoch nur mittels Erwärmen und dem 'Sodaauszug'.

Sulfat-Ionen SO_4^{2-} lassen sich mit salzsaurem Bariumchlorid nachweisen. Es entsteht weißes Bariumsulfat.

Schon die Redoxreaktion mit Kaliumpermanganat als Oxidationsmittel liefert einen Hinweis auf Sulfit SO_3^{2-} .

Da auch Eisen(II)-ionen diese auslösen ist allerdings erst die Verdrängungsreaktion mit konzentrierter Schwefelsäure und der stechende Geruch von Schwefeldioxid ein Nachweis.

Der Nachweis von Nitrat-Ionen wird durch Bromide und Iodide gestört. Auch Nitrite ergeben die Braunfärbung. Sulfit- und Thiosulfationen reduzieren Nitrate zu Nitrit und erschweren die eineindeutige Analyse.

Auch der Nachweis der Kationen ist keineswegs immer eindeutig. So ist Silber von Quecksilber nur durch die Wischprobe zu unterscheiden. Blei(II)-Kationen wird durch viele andere Schwermetalle gestört.
Kupferionen stören den Cadmium-Nachweis.

Deshalb versuchten Georges und die anderen Studenten diese Klippen zu umgehen. Sie entwickelten ihr eigenes Analyseprogramm:

Manche Substanz verriet sich bereits durch ihre Farbe und ihr Erscheinungsbild. Danach durchmischten die Teams die jeweilige Probe im Mörser und teilten sie in vier Teile.
Ein Teil wurde selbst analysiert. Der zweite Teil wurde von einem Mitstudenten untersucht.
Dafür erhielt Georges eine Probe von ihm.

Anhand der Flammenfärbung identifizierte das Team Barium, Calcium, Strontium.

		Reaktion mit	Reaktion mit	Reaktion mit	Reaktion mit
	Flammen färbung	**OH^-**	**CO_3^{2-}**	**$C_2O_4^{2-}$**	**CrO_4^{2-}**
Ba^{2+}	gelb-grün		$BaCO_3$ fällt aus		$BaCrO_4$ fällt aus
Be^{2+}	-	$Be(OH)_2$ fällt aus	ist löslich		ist löslich
Ca^{2+}	ziegelrot	$Ca(OH)_2$ fällt aus	$CaCO_3$ fällt aus	CaC_2O_4 fällt aus	$CaCrO_4$ fällt aus
Mg^{2+}	-	$Mg(OH)_2$ fällt aus	$MgCO_3$ fällt aus	ist löslich	ist löslich
Sr^{2+}	intensiv rot	$Sr(OH)_2$ fällt aus	$SrCO_3$ fällt aus	ist löslich	$SrCrO_4$ fällt aus

Beryllium und Magnesium unterscheiden sich in ihrer Reaktion mit CO_3^{2-} : $MgCO_3$ fällt aus.

Mittels der Boraxperle erkannten sie
Silber, Cobalt, Chrom, Kupfer, Eisen, Mangan, Nickel.

		Flammen-Färbung	**Flammen-Färbung**
		Reduktion	**Oxidation**
Ag^{+}	**Borax-Perle**	heiß: grau kalt: silbergrau	-
Co^{2+}	**Borax-Perle**	blau	blau
Cr^{3+}	**Borax-Perle**	smaragdgrün	smaragdgrün
Cu^{2+}	**Borax-Perle**	heiß: farblos kalt: rotbraun	heiß: gelbgrün kalt: blau
Fe^{2+}	**Borax-Perle**	schwach grün	heiß: gelb-farblos kalt: ... rotbraun
Mn^{2+}	**Borax-Perle**	farblos	heiß: amethyst kalt: violett... fast braun
Ni^{2+}	**Borax-Perle**	braun	heiß: gelb-braun kalt: ... braun

Mit selbst extra erworbenen Indikatorpapieren ließen sich weitere Kationen unterscheiden und nachweisen.

Statt dem Vormittage und manchen Nachmittag füllenden Analysen hatten die Studenten mit diesem eigenwilligen Vorgehen innerhalb von je etwa zwei Stunden ihre Probe und die Gegenprobe ihres Mitstudenten analysiert.

Nur einmal ließ sich partout kein Anion finden:
Diese Probe enthielt neben reinen Metallen nur ein Oxid.

Die Exkursion

Der Dozent für Biologie machte gern Exkursionen. Eines Tages führte er seine Studentinnen und Studenten in den Wald ob dem 'Vogeltal'.

Allein das löste bei der Studentenschaft schon ein Grinsen und Tuscheln aus:
Denn es war für das junge Volk ein beliebter Nah-Erholungsort, wo sich Viele näher kamen.

Zum Erstaunen gab der Dozent jedem Teilnehmer drei Kieselsteine. Diese Steine dürfe Jede und Jeder neben dem Weg bis auf die Hochfläche gut verstecken.
Dies kam Georges komisch vor.

Auf dem Rückweg bekamen die Studenten den Auftrag die versteckten Kieselsteine wieder zu suchen und einzusammeln.
Am Tal-Ausgang zeigte sich, dass die meisten Studiosi keinen oder nur einen Kiesel wieder fanden.

„Eichhörnchen sind klüger. Sie finden zwei von drei ihrer Verstecke wieder..." war das Fazit des Dozenten.
Wer zwei seiner Kiesel wieder fand, war demgemäß so klug wie ein Eichhörnchen.
Georges konnte grinsend drei vorweisen...
Er hatte sich das Verstecken und Suchen erspart.

Bald darauf hieß es Lernen, Lernen und nochmals Lernen für die Erste Dienstprüfung fürs Lehramt.

Nach einer Übergangszeit, in der er wieder in der Datenverarbeitung arbeitete, wurde ihm nach den Sommerferien eine Stelle als verbeamteter Hauptlehrer z.A. in Südwürttemberg-Hohenzollern angeboten.

Der Führerschein

Georges durfte auf dem Hof und den Feldern des Großvaters schon mit dem Traktor fahren. Georges hatte deshalb keine Probleme mit dem Schalten und der Kupplung. Nach einiger Zeit fuhr Georges dem Fahrlehrer zu zaghaft. Bei den Überland-Fahrten ärgerte dies den Fahrlehrer besonders.
*„Du, das ist ein BMW 2002 TI – der hat 120 PS.
Gib Gas!"*
Georges gab Gas. Aber bald darauf kam eine Geschwindigkeitsbegrenzung auf 60km/h.
„Gib Gas. Da steht 160 drauf," behauptete der Fahrlehrer und drückte auf seiner Seite das Gas durch, *„wir sind eh schon spät dran, der andere Fahrschüler wartet schon."*
Der 1968 noch nagelneue BMW mit Zweiliter-Motor und Doppelvergaser machte einen Satz nach vorne.
Genau genommen war der nächste Fahrschüler weiblich...

Bei der nächsten Überland-Fahrt jagte der Fahrlehrer Georges durch ein bei Bikern, wegen seiner vielen Kurven, beliebtes Tal.
„Du, wenn Du Dich von dem Taxifahrer mit seinem alten Mercedes auch noch überholen lässt, dann hau ich Dir eins ins Genick!"
Georges gab Gas.
Er ließ dem Taxi keine Chance zu überholen.
„So ist es recht," lobte ihn der Fahrlehrer und lotste ihn auf dem Rückweg auf eine schmale Nebenstrecke.
„Weiter so!"

In einer Kurve vor drei stattlichen Eichen war die Fahrbahn plötzlich frisch gesplittet. Der BMW glitt auf dem Schotter mit seiner Breitseite auf die Eichen zu. Georges zog den 2002 TI mit Gas aus der Kurve.

Der Fahrlehrer war kreidebleich.
„Schneller," sagte er von da ab nie mehr.

Bei der Prüfung wurde Georges vom Prüfer durch die Altstadt gescheucht.
„Die nächstmögliche links," befahl er.
„Das ist eine Einbahnstraße. Da darf ich so nicht rein."
„Stimmt. Deshalb sagte ich auch: Die Nächstmögliche."

Nach ein paar weiteren derartigen Gemeinheiten befahl er Georges am Berg hinter einem Fahrzeug einzuparken. Georges fuhr den BMW parallel neben das Fahrzeug hinter dem er einparken sollte und ließ den 2002 TI im Leerlauf in die Parklücke laufen.
„Weiter."
Georges wusste, dass nun vom Prüfer besonders auf den Schulterblick und die Beachtung des laufenden Verkehrs geachtet wurde. Georges hatte den ersten Gang schon beim Anhalten eingelegt und fuhr an.

„Davor nochmals einparken und aussteigen."
Das war es wohl. Georges hatte beim Rückwärtsfahren den Leerlauf benutzt. Georges parkte davor nochmals ein, machte den Motor aus, legte den ersten Gang ein, zog die Handbremse an und ließ erst dann die Fußbremse los. Er zog den Autoschlüssel ab, ließ das Lenkradschloss einrasten, schaute über die Schulter zurück und achtete auch auf den entgegenkommenden Verkehr. Dann verließ er den BMW.
„Sie haben etwas vergessen."
„Das Abschließen. Aber:
Das mache ich erst, wenn alle ausgestiegen sind."
„Kommen Sie zu mir und unterschreiben Sie hier."
Georges tat, was ihm befohlen wurde.
„Ihren Führerschein bekommen Sie jetzt nicht."
Er war offenbar durchgefallen! Georges war geknickt.

Für mehr Fahrstunden reichte sein Erspartes nicht!
„Er wird Ihnen an Ihrem Geburtstag ausgehändigt."

Georges war noch zu jung. Erst an seinem Geburtstag erhielt er den Führerschein der Klasse 3 , der ihn heute noch zum Führen von Pkw bis 3,5 Tonnen, Lkw bis 7,5 Tonnen Gesamtgewicht, Dreiachsigen Zügen bis 12 Tonnen und Landwirtschaftlichen Zugmaschinen berechtigt.

Doch nun hatte Georges zwei große Probleme:
Um ins 150 km entfernte Oberschwaben zu kommen brauchte er dringend ein Fahrzeug. Und:
Er hatte zwar einen Führerschein, aber keine Fahrpraxis.

Georges begab sich am Studienort zur nächsten Fahrschule und fragte, ob er Fahrstunden bekommen könne. Selbstverständlich könne er hier den Führerschein machen.
„Den habe ich schon. Mir fehlt nur die Fahrpraxis."
Mit diesen Worten zeigte Georges seinen grauen Führerschein.
„Oh. Der ist ja schon drei Jahre alt."

Nach der ersten Fahrstunde meinte der Fahrlehrer:
*„Was halten Sie davon: Sie fahren mich zu meinen Auswärtsterminen und dann wieder heim.
Sie dürfen jedoch keinen Alkohol trinken."*

Nun:
Das war rasch abgemacht. Georges würde außer einem einfachen Abendessen und seinen antialkoholischen Getränken nichts für diese Fahrten bekommen.
Dafür musste Georges dem Fahrlehrer nichts bezahlen.

Georges war nun der Fahrer des Fahrlehrers.

Eines Abends bestellte der Fahrlehrer für sich laut ein Bier nach dem andern.
Der Bedienung sagte er jedoch leise:
Sie möge ihm stattdessen ein Radler und danach jeweils Apfelsaftschorle bringen.

Danach wurde der Fahrlehrer lustig und laut.
„Die Theorie ist zu Ende. Hicks. Jetzt fahr mer heim!"

Der Wirt bat den Fahrlehrer ihm die Autoschlüssel zu überlassen. Es seien auch noch Zimmer frei.
Er sei schon mehrfach gefragt worden, was denn der Fahrlehrer nach den Theoriestunden so trinke.
Und das sei verdächtig. Und komisch.

Doch der Fahrlehrer ließ sich nicht beirren.
„Die Theorie ist zu Ende. Hicks. Jetzt fahr mer heim!"

Georges hatte nur noch eine kurze Strecke vor sich.
Dann war der Fahrlehrer zuhause.

Von hinten näherte sich ein Fahrzeug mit Sondersignal.
George ließ ihn vorschriftsmäßig passieren.
„Georges, pass auf. Jetzt wird es lustig."

Es war ein Polizeifahrzeug, das vor ihnen anhielt und Georges stoppte.
„Guten Abend. Fahrzeugkontrolle."
„Haben Sie etwas getrunken?" wurde der Fahrlehrer gefragt.
„Ja. Die Theorie ist immer so trocken."
„Und sie geben noch Fahrunterricht."

„Kein Problem, ich darf das, ich bin Fahrlehrer."
„Aber nur, wenn Sie nichts getrunken haben."

„Der junge Mann bringt mich heim."
„Sie lassen sich also, nachdem sie Alkohol getrunken haben, von einem ihrer Fahrschüler heimfahren," stellte der Polizist kühl fest.
„So sieht es aus. Der junge Mann ist mein Fahrer."

Jetzt fragten sie Georges, was er getrunken habe.
„Apfelsaftschorle."
„Ja das stimmt. -
Können Sie sich ausweisen?"

Georges machte seine Handtasche auf um seinen Personalausweis oder seinen Reisepass zu zeigen. Dabei fiel den Polizisten ein graues Papier auf.
„Sie haben einen Führerschein?"
„Ja."

Die Polizisten zückten ihre Taschenlampen und schauten sich den Führerschein von Georges von allen Seiten genau an.
„Der ist ja schon über drei Jahre alt."
„Ja."

„Was sind Sie von Beruf?"
„Student. Demnächst Lehrer."

„Und derzeit ist er mein Fahrer," ergänzte der Fahrlehrer feixend. Denn er wusste längst, dass ihn ein missliebiger Kollege bei der Polizei angeschwärzt hatte, er würde von seinen Theorie-Außenterminen betrunken heimfahren.

Die erste Dienststelle

Wer Beziehungen nutzte und sich anfordern ließ, erhielt eine Anstellung im Regierungsbezirk. Alle Anderen wurden landesweit anderen Regierungsbezirken zugeteilt und dort verteilt. Die Zuteilung an die jeweiligen Schulen erfolgte durch die jeweiligen Schulämter:
Wer beim 1. Staatsexamen in Psychologie gute Noten hatte, bekam als Grund- und Hauptschullehrer eine Stelle an einer Sonderschule.

Da die ersten Sonderschüler mit den Frühbussen der pendelnden Arbeiter anreisten, begann der Dienst als Aufsichtsperson um 6.15 Uhr. Wenn er um 5:50 Uhr aufstand, reichte die Zeit um vor Dienstbeginn beim Bäcker nebenan eine Brezel zu kaufen. Um 12 Uhr war für alle Schulschluss und die Auswärtigen fuhren wieder heim. Dann schaute der junge Mann, dass er in einer der umliegenden Gaststätten etwas Ordentliches zum Essen bekam.

Bald begriff er, dass seine Sonderschüler sich durchaus motivieren ließen. Besonders, wenn es um Geld oder um etwas zum Essen ging. Was lag da näher, als seinen Fünftklässlern das Bruchrechnen mit einer Torte beizubringen.

Die Torte

So kam es, dass er die junge Verkäuferin fragte, ob er für seine 16 Schüler für billiges Geld eine Torte bekommen könne. Schön müsse sie nicht sein, aber noch essbar. Die junge Dame versprach, eine 'Ausschuss-Torte' rechtzeitig nach der großen Pause, bis spätestens 10.20 Uhr vorbeizubringen. Es war eine ansehnliche Torte mit 16-er-Teilung. Der junge Lehrer freute sich, dass seine Schüler in Anbetracht der Torte voll bei der Sache waren.

Doch da stand plötzlich ein Lehrmittelvertreter in der Klasse, er wollte zum Rektor.
"Das Rektorat ist gegenüber. Guten Tag."
Gerade hatte der Lehrer den Faden wieder aufgenommen, da stand schon wieder jemand in der Tür der zum Rektor wollte.
"Das Rektorat ist gegenüber. Guten Tag."
Er wandte sich seinen Schülern zu.
"Ihr wisst: Wir haben 1 Torte. Wenn wir jetzt ein Messer nehmen und sie durchschneiden, dann haben wir die 1 Torte geteilt. Wir schreiben 1/ ..."
Doch nun stand schon wieder jemand in der Tür und wollte zum Rektor.
"Erstens klopft man an, zweitens 'Guten Morgen'. Das Rektorat ist gegenüber. Guten Tag."
"Ihr wisst: Wir haben 1 Torte. Wenn wir jetzt ein Messer nehmen und sie durchschneiden, dann haben wir die 1 Torte geteilt. Und haben dann – richtig 2 Teile. Wir schreiben jetzt 1/2 , das ist eine halbe Torte."
"Das sind aber 2 halbe Torten."
"Richtig, wenn ich beide Hälften meine, dann schreibe ich 2/2."
Aber schon wieder stand jemand in der Tür. Und wollte zum Rektor.

"Erstens klopft man an, zweitens 'Guten Morgen'. Das Rektorat ist gegenüber. Guten Tag."
"Ihr wisst: Wir haben 1 Torte. Wir haben die Torte mit dem Messer geteilt. Und haben dann – richtig 2 Teile. Wir schreiben 1/2 , für eine halbe Torte und 2/2 wenn ich beide Hälften meine." Georges schreibt es an die Tafel.
"Das ist aber die ganze Torte." *"Richtig."* -
"Und wenn ich die Torte mit dem Messer in drei Teile schneide?" *"Dann haben wir hier ein Drittel und schreiben 1 durch... - Richtig, 3. - Also 1/3."*
"Aber die ganze Torte gibt 3 Drittel." *"Ich schreibe 3/3, wenn ich diese 3 ..."*
Wieder stand jemand unaufgefordert im Raum und fragte nach dem Rektor.
"Erstens klopft man an, zweitens 'Guten Morgen'. Das Rektorat ist gegenüber." "Aber..." *"Ich habe hier Unterricht. Sie stören. Guten Tag."*
"Ihr wisst die ganze Torte gibt 3 Drittel." "Ich schreibe 3/3, wenn ich diese 3 Drittel meine und 1/3, wenn ich nur ein Drittel meine."
Danach ging es weiter: 1/4 oder das Ganze 4/4. 1/8 oder das Ganze 8/8 und schließlich 1/16 oder das Ganze 16/16.
"Wenn wir jetzt diese Torte gerecht teilen. Was bekommt jeder?" "1/16." *"Richtig. Ein Sechzehntel."*
Freudestrahlend bekam jeder Schüler sein sechzehntel Tortenstück und durfte es gleich essen. Weil aber ausnahmsweise ein Schüler fehlte, blieb ein Tortenstück übrig. Die Schüler waren sich einig:
"Das ist heute Deins."
Die Schulglocke ertönte. Trotz der Störungen hatte Georges sein Stundenziel erreicht.
Kaum hatte er das übriggebliebene Sechzehntel verdrückt, da bat ihn der Rektor ins Rektorat zu kommen.
"Darf ich Ihnen vorstellen, das ist der für Sie zuständige Schulrat."

Hinter der Tür stand derjenige, den der Junglehrer gerade zuletzt als Störenfried rausgeworfen hatte.

So etwas war dem stellvertretenden Schulamtsdirektor in seiner langjährigen Dienstzeit noch niemals passiert.
Er nahm es mit Humor und meinte, sein Unterrichtsbesuch wäre bei einem derart couragierten jungen Kollegen unnötig.
Aber dafür solle der engagierte Kollege eine Unterrichtsstunde im Sprengel halten.

Die Verkäuferin freute sich, dass sie den leeren Torten-Behälter am Mittag gespült zurückbekam.
Sie würde jetzt bei der Minigolfanlage hinter der alten Stadtmauer ihre Mittagspause verbringen.
Wer hat schon etwas gegen süße Stückchen und ein kühles Getränk mit einer jungen Dame?

Die Unterrichtsstunde

Die statt dem Schulratsbesuch verlangte Schulstunde entpuppte sich als Veranstaltung in einer großen Sport- und Gemeindehalle. Anwesend waren laut Vorankündigung alle Lehrer in Ausbildung, die für die Fortbildung verantwortlichen Beratungslehrer, die Schulräte des Schulsprengels und ein Vertreter des Regierungspräsidiums. Das Thema war vorgegeben: Berechnung von Längen und Flächen.
Wen wundert es, dass der junge Lehrer eine gute halbe Stunde vorher am Zielort ankam. Da er unsicher war, ob er auch die richtige Halle gefunden hat, fragte er eine junge Dame. Sie unterhielt sich ein wenig mit ihm und meinte dann, dass jetzt noch genügend Zeit für Sex wäre.
"Dafür habe ich jetzt keinen Nerv."
"Dann sehen wir uns nachher im Stadtcafé."

Ein riesiger Raum mit Tafel und Tageslichtprojektor. Dann Bänke und Stühle für eine ihm unbekannte Klasse. Dahinter Bestuhlung wie im Konzert für die vielen Junglehrer in Ausbildung, die Ausbildungslehrer und Offiziellen.
Der Tageslichtprojektor war für das helle Licht an diesem Nachmittag in der Halle zu schwach. Die Tafel war wackelig und rutsche bei jedem Aufschrieb leicht nach hinten weg. Zurecht hatte der Junglehrer der Ausrüstung vor Ort misstraut und hatte alles ausführlich auf Arbeitsblättern vorbereitet. Auf den vorsorglich über 60 Ausdrucken war jeden Schritt begründet. Georges hatte es insofern leicht, weil er alle Ferien zuerst auf dem Bauernhof, später als Helfer eines Baubüros und neben der Schule bei seinem Vater als Bauzeichner gearbeitet hatte. Die Aufgabenstellung und die möglichen Fehler waren ihm deshalb vertraut.

"Wie viele Randsteine je 1 Meter benötigt der Bauleiter für 24,75 m Straße?"
" 24."
"Wenn Du als Bauleiter nur 24 Randsteine bestellst hast Du ein Problem."
" 48, er braucht auf zwei Seiten Randsteine."
"Du hast dann für jede Straßenseite 24 Meter Randstein. Die Straße ist aber 24,75m lang."
"Es fehlen 0,75m."
"Wenn Du als Bauleiter nur 48 Randsteine bestellst und einbaust sieht der Chef am Abend auf jeder Seite diese Lücke."
"Ich brauche noch zwei Randstein-Stücke."
„Also: Wie viele Randsteine je 1 Meter benötigt der Bauleiter für 24,75m Straße?"
"48 und zwei muss ich zurechtschneiden."
„Also?"
" 50 Randsteine."

"Wenn die Gemeinde schon die Straße richten lässt, möchte sie für das 24,75m lange Straßenstück neue Kanalrohre mit 1m Durchmesser. Diese sind jeweils 3m lang. Wie viele dieser neuen Rohre muss der Bauleiter in Wernau bestellen?"
"Das ist einfach: 8 neue Rohre."
"Bist Du sicher?"
"Ja. 24,75m / 3m = 8 Rest 0,75m."
"Was sagt der Chef zu Dir als Bauleiter, wenn Du die 8 Rohre verlegt hast?"
"Da fehlt ein Stück."
"Und er schimpft Dich, denn nun muss er den Lastwagen noch einmal nach Wernau schicken. Auf der Baustelle kann man nicht weiterarbeiten, weil dieses Stück Kanal fehlt. Und das kostet Zeit und Geld."

"Also: Wie viele dieser neuen Rohre muss der Bauleiter im Schleuderbeton-Werk Wernau bestellen?"
" 8 und eines muss man zurechtschneiden."
"Also?"
"Neun Rohre."

"Ihr seht rechts eine Skizze der Wetterseite des Naturfreundehauses. Die Farbe hat mit der Zeit durch den Regen stark gelitten. Das Naturfreundehaus ist insgesamt 8m breit. Keller, Erdgeschoss und das Dachgeschoss sind jeweils 3m hoch.

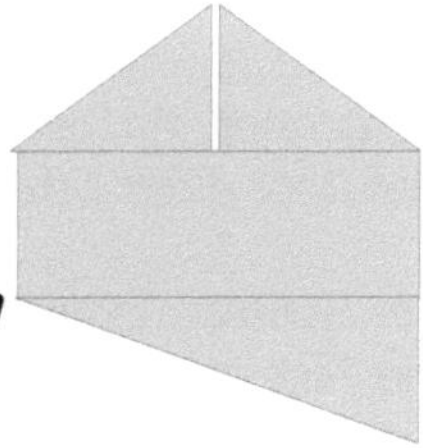

Diese Westseite soll nun neu gestrichen oder mit einem anderen Wetterschutz versehen werden. Um ein Angebot für einen neuen Wetterschutz machen zu können, brauchst Du als Malermeister die Gesamtfläche der Westseite."
"Das in der Mitte – das Erdgeschoss – sind 8m*3m = 24m² " -
"Aber der Keller und das Dachgeschoss?..."

"Schaut: Ich mache jetzt aus den Dreiecken jeweils ein Rechteck."
"Das sind dann jedes Mal 8m *3m genauso groß - wie das in der Mitte – das Erdgeschoss."
"Ich kann (auf der Tafel) die vier farbigen Flächen auf den Rechtecken drehen und verschieben. Was siehst Du?"

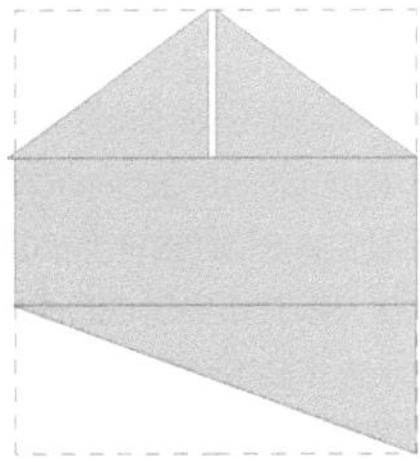

"Die vier Flächen oben, sind gleich groß."
"Davon ist die Hälfte farbig."
"Und wenn ich das untere farbige Dreieck umdrehe?"
"Dann passt es genau in das farblose."

"Das heißt?"

„Oben sind es	$8*3m^2/2$	=	$12m^2$
In der Mitte	$8*3m^2$	=	$24m^2$
Unten sind es	$8*3m^2/2$	=	$12m^2$
Die Gesamtfläche beträgt			$48m^2$ "

"Du weißt jetzt, wie man die Fläche von Dreiecken berechnet. Außerdem weißt Du jetzt, was passiert, wenn der Rest einer Strecke übrigbleibt."

Der Schulamtsdirektor nickt und zeigt auf die Uhr.
Die Zeit ist um.
Die Schüler verabschieden sich und nehmen ihre Stühle mit ins Klassenzimmer.

Die Stunde war im Anbetracht der großen Zuhörerschaft, der fremden aufgeregten Klasse, dem Nachmittagsunterricht und dem hoch konzentrierten Junglehrer, der während der Stunde sein Hemd total durchgeschwitzt hatte, blendend gelaufen.
Die Begründung der einzelnen Schritte und die genaue Ausarbeitung und die Arbeitsblätter wurden in den höchsten Tönen gelobt.

Da meldete sich die junge Dame die ihm vorhin das eineindeutige Angebot gemacht hatte mit der Frage:
"Aus welchem Buch stammt diese Aufgabenstellung? Ich vermisse die Literaturangabe."
"Der Verfasser steht vor Ihnen. Mein Name und meine Adresse steht auf den Arbeitsblättern. - Darf ich fragen, wie sie heißen?"
"... Baronesse von ..."
"Baronesse, die Literaturangabe ist vollständig. Die Aufgaben stammen von mir."
"Das kann nicht sein, dass man in ihrem Alter schon so viel Erfahrung hat."

"Baronesse, contenance s'il vous plaît."
"Das kann nicht sein, dass man in ihrem Alter schon so viel Erfahrung hat."
"Baronesse, es mag ja sein, dass Sie sich das nicht vorstellen können. Aber es gibt Leute, die haben sich, im Gegensatz zu Ihnen, ihr Studium erarbeitet."
Die Baronesse verließ daraufhin wutentbrannt den Saal.

Leider hatte der Einwurf der Baronesse Zweifel gesät. Aus der 1 für diese Unterrichtsstunde wurde eine 1,5 . Der Junglehrer war darob so erbost, dass er den verdienten Kaffee und die schöne und köstliche Torte im Stadtcafé nur hinabwürgte. Als dann noch die adelige Dame meinte, sie hätte ja nur auf sich aufmerksam machen wollen und man könnte doch jetzt in der engen Gasse neben dem Stadtcafé ... platzte dem verärgerten Junglehrer total der Kragen:
"Wenn eine Dame einen jungen Mann auf sich aufmerksam machen möchte, dann macht sie das ganz anders als Sie."

Beim Zahlen und Aufstehen hatte er ein Bild vor Augen: Ein nettes Mädchen, das ihn mit Butterbrezeln, und süßen Stückchen verwöhnte und ihm inzwischen gestanden hatte, dass sie die Tochter des Bäckermeisters sei.

Angst

Der junge Lehrer absolvierte die Seminare, für die zwei Jahre vorgesehen waren, bereits nach einem Jahr. Georges, der Bäcker, der ein Lehrer war, fand kürzlich eine seiner ersten Beurteilungen. Der Schulrat schrieb: *„Er spricht nun hochdeutsch ohne jedwede schwäbische Einsprengsel."*
Alle Beurteilungen wiesen ihn als guten bis sehr guten Pädagogen aus. Was lag da näher, als sich sofort für die 2. Dienstprüfung anzumelden.

Inzwischen wurde eine Kollegin von einem Anwalt öffentlich bezichtigt, sie hätte beim Schwimmunterricht ihre Aufsichtspflicht gröblich verletzt. Die junge Kollegin wusste nicht mehr ein und aus und nahm sich das Leben. Im Nachhinein stellte sich heraus, dass der Anwalt, in Unkenntnis oder absichtlich, sie anstatt dem Land verklagte. Sie hatte ihre Schüler außerhalb des Bades ordnungsgemäß verabschiedet und nach Hause geschickt. Es war keine Aufsichtspflichtverletzung: Der Junge kletterte anschließend von außen über den Zaun, stolperte und ertrank im Schwimmbecken.

Bei der zweiten Dienstprüfung lief alles glatt, bis auf den letzten Prüfungsteil: Alle Prüfer hatten darauf hingewiesen, dass der Prüfling sein Zeugnis zwar sofort, die entsprechende Verbeamtung jedoch erst in einem Jahr erhalte. Doch beim letzten Prüfungsteil zitierte ein 'Zwölfender', der Schulrat geworden und der Prüfungsvorsitzende war, Sören Kierkegaard:
'Der Mensch braucht Angst, sonst lernt er nichts.' [15]

15 Vergleiche hierzu: https://www.welt.de/debatte/kommentare/article115846928/Der-Mensch-braucht-Angst-sonst-lernt-er-nichts.html

Dieser Meinung konnte sich der Prüfungskandidat keineswegs anschließen. Er vertrat die Meinung, dass der Mensch Motivation brauche:
Kleine Erfolge, Schritt für Schritt, genau so wie bei Platons Höhlenmodell. Angst dagegen lähme.

Der Prüfling erhielt in diesem Prüfungsteil vom besagten 'Zwölfender' und Prüfungsvorsitzenden die Note 5.
Auch, weil der junge Lehrer sich erfrecht habe sich vor der gesetzten Zeit zur 2. Dienstprüfung anzumelden.

Die Prüfer stritten sich geraume Zeit. Aber wegen diesem engstirnigen 'Zwölfender' galt die 2. Dienstprüfung als 'nicht bestanden'.
Kurze Zeit später wurde dem jungen Lehrer der Wechsel an eine Privatschule mit dem Kommentar verweigert:
"Wir brauchen gute Lehrer. Die Privatschulen sollen sich schlechtere aussuchen."
Verstehe das wer will. Der junge Lehrer war stinksauer, seine anfänglich so hohe Motivation hatte deutlich gelitten. Aber seine Schüler sollten auf gar keinen Fall darunter leiden.

Ein Lehrer als Lehrling

Bald war es nicht mehr zu verheimlichen.
Die Bäckertochter hatte einen Freund. Aber es war nicht der aufdringliche Bäcker-Geselle. Als der Bäckermeister es erfuhr, ließ der seinem Frust freien Lauf:
"Wenn er wenigstens was Rechts glernt hätt:
Aber ausgerechnet ein Sonderschullehrer. Den kann ich in der Bäckerei gar nicht gebrauchen."

Der Obermeister jedoch wollte es mit dem Seiteneinsteiger probeweise probieren. So mühte sich der Junglehrer in den Sommerferien mit den Widrigkeiten des Bäckerhandwerks ab. Nun hieß es um drei Uhr aufstehen und Brötchen und Brot portionieren und backen.
Da er seinen Arbeitserfolg nach dem Backen sofort sah, machte ihm das Handwerk Spaß.
Nur die Brezeln misslangen ihm stets. Bis eines Tages der Senior vorbeikam und ihm zusah:
"Buale, net denka. Oifach d' Hend so dreaha."
Er zeigte dem Quereinsteiger ein paar Mal die Handbewegungen.
"Gel jetzt gohts. Dem alta Grantler zeiget mers."
"Was meinen Sie?"
"Dr Alt Beck hot beim letzta Stammtisch a bissele viel intus ghet. Ond no hot er gmoinet, dass so an Sonderschullehrer in der Bäckerei it zu gebrauche wär. Mir sind dei Ausbildungsbetrieb. Dem zoigets mers! - Was moinsch?"
Von da ab hatte der Lehrer einen erfahrenen Tutor.
Bald bestätigte der Obermeister dem Quereinsteiger die für das Bäckerhandwerk relevanten Kenntnisse, Fertigkeiten und Fähigkeiten. Der Lehrer wurde bei der Handwerkskammer zur Gesellenprüfung nachgemeldet und bestand sie mit Bravour.

Der Prüfungsvorsitzende sah die eingereichten Unterlagen und gab dem Quereinsteiger den Tipp:
Er solle sich unbedingt baldmöglichst zur Wiederholung der 2. Dienstprüfung anmelden. Die Berufsschulen würden händeringend nach ausgebildeten Handwerkern mit pädagogischer Ausbildung suchen.
Die Meisterprüfung im Bäckerhandwerk könne er sofort ablegen, die mindestens dreijährige Berufspraxis sei entfallen.

Die Bäckertochter hatte sich inzwischen mit dem aufdringlichen Bäcker-Gesellen so wüst gestritten, dass dieser kündigte.
Nun brauchte der Bäcker dringend Ersatz.

"Meister, würdet ihr mich bitte einstellen?"
"*Aber...*"
"Hier ist mein Gesellenbrief."
"Oh, der ist ja recht neu, kannst Du auch was?"
"Und hier ist mein Meisterbrief."
"Oh der ist ja ganz neu. Einen Meister kann ich mir aber nicht leisten."
"Aber Eure Tochter darf ich doch jetzt bitte heiraten..."

Hochzeitsvorbereitung

Der 'Alt Beck' blieb skeptisch. Doch seien Frau meinte: *„Der kann was. Er hat's Erste und Zweite Staatsexamen als Lehrer und da Meisterbrief als Beck."* -
*„Und Maidle sagt:
Der isch ihr bei Weitem lieber als der grobe Gsell."*

Die standesamtliche und kirchliche Heirat wurde anberaumt. Die standesamtlichen Papiere waren kein Problem. Aber für die kirchliche Trauung benötigte Georges den Taufschein und die Bestätigung des Pfarrers, dass er getauft ist.

Georges fuhr unverzüglich zum zuständigen Pfarrer.
Von ihm erfuhr er:
Das alte Kirchenregister und das alte Taufbuch seien extra verwahrt. Den Schlüssel dazu habe das Dekanat.
Aber:
Er werde nachsehen und Georges den Taufschein zusenden.

Georges freute sich und fragte, ob es im Kirchdorf immer noch Usus sei an den Grabkreuzen oder den Grabsteinen denkwürdige Verse anzubringen.
„Oh ja," meinte der Pfarrer, der die Gemeinde erst vor wenigen Jahren übernommen hatte.
„Für mich ist da manch Gewöhnungsbedürftiges dabei."

Aber die Leut hier wollen unbedingt die Tradition wahren. Dazu gehöre auch: Dass oft noch Sach-zu-Sach, also zusammen-geheiratet wurde. Im Kirchdorf sei fast noch immer Jeder mit Jedem verwandt. Nur die Bauern in den umliegenden Weilern suchten ihre Ehegesponse schon immer, wie Georges, weit außerhalb.

Lachend bestätigte der Pfarrer, dass sein Kirchenchor immer noch fast ausschließlich aus Gläubigen der umliegenden Weiler bestehe. *„Die meisten im Kirchdorf können ringen aber nicht singen."*

Aber das sei noch gar nichts.
Der fast hundertjährige 'Popp' habe gleich nach seiner Blinddarmoperation der Nachtschwester ein eindeutiges Angebot gemacht. Bei der kam er damit schlecht an. Dafür wurde der alte Schäfer vorzeitig heimgeschickt.

Der Schäfer 'Popp' habe bis zuletzt das ganze 'Wellland' unsicher gemacht.
„Ich will gar nicht wissen wer alles..." -
Doch jetzt habe der umtriebige Schäfer seine letzte Ruhestätte gefunden. Ein schönes Kreuz ziere sein Grab. Auch seien immer wieder neue Blumen drauf, obwohl er nie verheiratet war.
Sein Grab-Kreuz trage die Inschrift:

'Popp', der alte Schäfer, ruhet hier.
Mädchen geh rasch weiter:
Sonst will er auch mit Dir !

„Das geht ein bisschen weit."
Da waren sich der Pfarrer und Georges einig.
Grinsend und froh verließ Georges die Kirchengemeinde.
Georges freute sich: Er bekommt seinen Taufschein.
Er kann heiraten.

Doch die Wochen gingen ins Land.
Georges Taufschein fehlte noch immer.

Georges rief an. Und machte einen Abholtermin aus.
Bis dahin habe er den Taufschein bestimmt fertig, versprach der Pfarrer.
Wieder fuhr Georges ins Kirchdorf.

Doch die Enttäuschung war groß:
Das Grab-Kreuz vom 'Alten Popp' war verschwunden.
Und der Pfarrer hatte keine Eintragung im Taufbuch gefunden. Georges möge doch bei seiner Mama nochmals nachfragen, wie es damals war.
Denn in der Dorfkapelle im Weiler sei noch nie jemand getauft worden.

Georges fragte sogleich seine Maman und seine Taufpatin Tatie Marie. Beide erzählten übereinstimmend:

„Die Taufe fand in der Kapelle statt. Der Großvater meinte, dass es damals einfacher und sicherer sei, wenn statt der ganzen Taufgesellschaft nur eine Person über Land reise: Der Pfarrer. Der Großvater bestand darauf. Der Pfarrer reiste nolens volens mit der Kutsche an und Georges Taufe fand ausnahmsweise in der Kapelle des Weilers statt."

Jetzt platzte Georges der Kragen. Er wollte nun die Eintragungen im Kirchenbuch und im Taufregister selbst in Augenschein nehmen.

Nach einigem Hin und her bekam Georges einen Termin, eine knappe Woche vor seiner Hochzeit. Seine zukünftige Frau weinte sich schon die Augen aus. Denn ohne Georges Taufschein keine kirchliche Trauung.

Der 'Alte Beck' unkte:
„Ich wusst doch, dass mit dem etwas nicht stimmt.
Des isch schlimmer als a Falschgläubiger.
Des isch a Atheist !"

Tatsächlich:
Weder im Kirchenbuch noch im Taufregister stand in der fraglichen Zeit etwas über Georges.
Das gibt es doch nicht!

Resigniert blätterte Georges beide Bücher von vorne nochmals durch.

Durch Zufall fiel ihm eine Eintragung in der vorderen Innenseite des Einbands auf:

Taufen im Weiler,
in der Kapelle des Heiligen Sylvester
Georges ...

Georges bestand darauf, dass er den Taufschein sofort mitnehmen wolle. In der Zwischenzeit besuche er das Grab seines Großvaters.

Natürlich lief Georges danach auch beim Grab vom 'Alten Popp' vorbei. Dort lagen eine neue schlichte Grabplatte mit dem Namen, den Geburts- und Sterbedaten des unternehmungslustigen Schäfers und frische Blumen.

Endlich. Der Taufschein und die Dispens zur Auswärts-Heirat waren fertig, unterschrieben und gestempelt.

Georges Hochzeit konnte, wie geplant, stattfinden.

Jahre später fehlte bei Georges Sohn, Paul, die Geburtsurkunde. Doch die brauchte Paul dringend für seine Hochzeit mit Leonie.

Das zuständige Amt meinte:
Georges Sohn, Paul, sei bestimmt nicht in der Stadt geboren. Diesmal gab es noch mehr Tränen. Denn ohne Pauls Geburtsurkunde kann weder die standesamtliche noch die kirchliche Trauung stattfinden.

Georges wandte sich persönlich ans Standesamt.
Da müsse eine Eintragung da sein.

„Ist Ihr Sohn tatsächlich hier geboren?"
„Ja. Ich war dabei."
„Sind Sie sich sicher?"
„Ja!"
„Aber hier fehlt jedwede Eintragung."
„Das will ich sehen!"

Tatsächlich:
Zum angegebenen Zeitpunkt fehlte die Eintragung.
Doch was war das?

Auf der hinteren Innenseite des Einbands stand ein Name. Das war die Eintragung von Georges Sohn.

„Da hätte ich niemals eine Eintragung gesucht. -
Da war doch der damalige Standesbeamte glatt zu faul ein neues Buch anzufangen."
Was sollte Georges dazu sagen?

Reachte Leit

Georges, der Bäcker, der ein Lehrer war, beobachtete schon als Kind die Leute sehr genau. Deshalb wusste er meist rasch, mit wem er es zu tun hatte.
Da er als Kind die meiste Zeit bei seinem Opa in einem kleinen Dorf aufwuchs, kannte er bald Land und Leute.

Die meisten Leute im Dorf waren Bauern. Die Höfe waren, bis auf den ehemaligen herrschaftlichen Zehnt- und Vogthof, durch Erbteilung meist klein.
Aber immerhin besaß jeder, bis auf den Schuster, Wagner und Schmid, so viel Land, dass er zumindest ein Dutzend Kühe und ein Pferd sein eigen nannte.

In der Nachbarortschaft hatten die Leute für nahezu genau so viele Einwohner insgesamt nur 24 Morgen. Das sind runde 8 ha. Dies ermöglichte jeder Familie allenfalls ein Haus und etwas Garten. [16]

Georges Großvater erzählte, dass die Vorfahren dieser Leute während dem 30-jährigen Krieg als Tross die Truppen der Adeligen versorgten. Dafür bekamen sie angeblich von den Edlen, Freiherrn, Baronen, Herzögen, Fürsten und Grafen die Zusage, dass sie am Ende des Krieges Land bekämen. Die Grundherren hielten Wort. Aber das zugewiesene Land war für den Ackerbau meist ungeeignet. Oft waren es steile Hanglagen oder felsiges Unland.
Auch wenn es heute kaum mehr jemand wahr haben wolle:
Neben nahezu jedem Adelssitz findet man solch einen ehemaligen Armenweiler.
Die dort Lebenden hatten allenfalls einen Garten.

---

16 Vergleiche hierzu auch: https://www.cicero.de/innenpolitik/jenische-das-vergessene-volk

Sie mussten sich verdingen.
Sie verdingten sich als Hütejungen, Kindermädchen, Knechte, Mägde oder später als Arbeiter.
Den meist kargen Lohn besserten sie mit Bürsten binden oder Korbflechten auf. Wen wundert es, dass sie in der Not auch so manchen Stupfling, Dachhas oder herrenlosen Hund verspeisten. [17]
Oder, unter der Hand, beispielsweise Hundeschmalz und Anderes als Heilmittel verkauften. Was wiederum der Obrigkeit und besonders den Apothekern missfiel.

Beispielsweise unterstützte ab 1845 das Königreich Württemberg Ausreisewillige, die nach Siebenbürgen oder Amerika wollten. Auch später noch gab es Unterstützung für die Ausreise. Dazu musste man nur ein halbes Jahr in einem der armen Weiler gemeldet sein.

Vielen waren diese hausierenden und fahrenden Händler suspekt. Bei ihnen war oft 'Schmalhans Küchenmeister'.
Wer Kummer hat hat auch Likör:
In ihrer steten Not wurde manch einer zum Schwächbruder und war dem Joles verfallen. [18]
Die Leute von Georges Nachbardorf wollten weder Anzangen, Schniffen, Krallen noch sonst Auffallen. [19]
Sie waren meist freundlich; auch wenn dies so manchem Galmenguffer, Gallach oder Schucker dann erst recht verdächtig vorkam. [20]

Diebstähle waren rar.
Und Diebesgesindel musste damit rechnen, dass die Jenischen vom armen Weiler die Diebe suchten und sogar zwangen das Geraubte zurückzubringen.
Denn sie wollten mit den Bauern gut auskommen.

---

17 Stupfling = Igel, Dachhas = Katze
18 Joles, jenisch: Alkohol
19 Anzangen: Betteln Schniffen, Krallen: Stehlen
20 Galmenguffer: Lehrer Gallach: Pfarrer Schucker: Polizist

Viele Leute hatten einen Heiden-Respekt vor den Jenischen. Denn die Jenischen benutzten untereinander, fremd anmutende Wörter und sie hatten nahezu stets ein Taschenmesser dabei.
Doch Georges wusste:
Das sind arme Leut. Die wollen nur ihr Auskommen. Auch wenn manche nach Außen Furcht verbreiten. Das käme nur daher, dass sie fürchten auch noch das Wenige, das sie haben, zu verlieren.

Ein Berufsschüler trat groß auf. Georges warnte ihn:
„Sei anständig, sonst mache ich einen Hausbesuch."
„Das traust Du Dich nie! Ich bin aus..."
„Büale sei anständig."
Der Bursche stutzte zwar, aber er war sich seiner Sache zu sicher:
Keiner würde sich je in den armen Weiler trauen.

Die Jenischen haben einen Ehrenkodex:
Das Gastrecht ist ihnen heilig.
Das wusste Georges und nutzte es.

Eines Tages stellte Georges sein Auto oberhalb des armen Weilers ab. Georges wusste, dass die Hausnummern im Armenweiler in der Reihenfolge der Erbauung der Häuser vergeben waren. Er würde das Haus suchen müssen. Prompt fragte ihn ein Junge:
„Was bekomme ich, wenn ich auf Dein Auto aufpasse?"
„Wenn Du mir zeigst, wo der ... wohnt dann kriegst Du 50 Pfennig. Und wenn ich wiederkomm und mein Auto ist heil, bekommst Du nochmals 50 Pfennig."

Der Vater fragte Georges:
„Wer bisch?"
Georges erzählte ihm, dass der Sohn bei ihm in die

Berufsschule ginge.
„Was will'sch?"
Leider benähme sich der Sohn trotz Verwarnung daneben. Auch seien die Schulleistungen weit unter dem, was der Junge leisten könne.
Und das verursache einen schlechten Eindruck.
„Du traust Dir was!"
„Ich weiß. Aber Ihr tut mir nichts. Ich bin Euer Gast."
„Woher woisch Du des?"
„Oh ich bin im Nachbarort aufgewachsen."
„Wem ghearsch?"
„Mei Großvater war der Joseph vom Rechten Hof."
„A reachter Ma."

Inzwischen war der Schulbus oberhalb dem armen Weiler angekommen. Als der unbotmäßige Schüler Georges Auto erkannte, wollte er gar nicht mehr aussteigen.
„Du wohnst doch da," insistierte der Busfahrer.
„Ja scho. Aber des isch's Auto von meim Lehrer."

Zum Entsetzen des Chefs der Berufsschule machte Georges Hausbesuche. Bald wussten alle Schüler:
„Sei anständig. Sonst kommt's grau Wächelich."
Dann steht das altersschwache Bäcker-Autochen von Georges, dem Bäckermeister, Prüfer und Berufsschullehrer vor deinem Elternhaus.
Georges Frau war ebenfalls wenig erbaut:
Vor allem, wenn Georges sie anwies:
„Wenn ich mich nach einer halben Stunde nicht melde, dann rufst mich an. -
Wenn ich mich dann nicht melde rufst die Polizei."

Georges hatte wiederholt Schüler vor sich, die meinten sie müssten die Anweisungen von 'ungläubigen' Lehrern nicht befolgen. Vor allem im Ethik-Unterricht der Pflichtklassen kam dies immer wieder vor.

Irgendwann platzte Georges der Kragen:

„Vor dem Koran gab es die Thora, also die fünf Bücher Moses, die Psalmen Davids und die Bibel mit den Evangelien Jesu als Schriften echter Offenbarung. [21]
Auch wenn man das nicht wisse: Es sei ungehörig Andersgläubige pauschal als 'Ungläubige' zu bezeichnen.

Frag Deinen Imam:
Er wird Dir sagen, dass anständiges Verhalten zu Deinen Pflichten gehört."

In Deutschland gab es von 1618 bis 1648 den Dreißigjährigen Krieg. Er begann als Religionskrieg, weil Jeder glaubte: Nur er habe den richtigen Glauben.
Die Folge war unendliches Leid. Die Bevölkerungszahl ging um ein Drittel zurück. Ganze Landstriche waren danach öd und leer, in manchen Regionen war nahezu die gesamte bäuerliche Bevölkerung ausgestorben. [22]

„Die Religionen Müßen alle Tolleriret werden",
schrieb Friedrich II. am 22. Juni 1740.
„Hier mus ein jeder nach Seiner Fasson Selich werden".
„Jeder soll nach seiner Façon selig werden."

Seit der traumatischen Erfahrungen im Dreißigjährigen Krieg sei in Deutschland religiöse Toleranz Pflicht.

Der unbotmäßige Schüler kam eine Woche später ganz geknickt in den Unterricht.

„Was hat Dein Imam gesagt?"
„Dein Lehrer kennt den Qu'ran besser als Du."

---

21 https://isb.bayern.de/download/25301/bs_lp_ethik.pdf
22 https://www.planet-wissen.de/geschichte/neuzeit/der_dreissigjaehrige_krieg/index.html

Von da an bekamen Unbotmäßige, die meinten, sie müssten sich von dem 'Ungläubigen' nichts sagen lassen zugeflüstert: „Georges hat 'heilig Buch'."

Bei Eltern aus den südlichen, slawischen und muslimischen Ländern durfte Georges 'nicht mit der Tür ins Haus fallen'. Dort waren in der ersten Viertelstunde des Besuchs unverfängliche Themen Brauch.
Oftmals wurde die Zeit eng. Aber auch dort wurde nie ein Anruf bei der Polizei notwendig.

Sicherlich gab es in manchen armen Dörfern Gauner:
Wie jene, die sich anfangs als Musikanten verdingten.
Später aber, zum Ärgernis der Nachbarn, ständig zu Hause übten.

Als sie es übertrieben, kam, wegen der Ruhestörung, die Polizei. Nun flog auf, warum es dieser Familie, trotz fehlender Engagements, nie an Geld fehlte:
Im Rhythmus der Musik prägten sie im Keller Fünfzig-Pfennig-Stücke...
Die Alteingesessenen klagten:
„Jetzt hatten wir ein Mal eine Industrie am Ort, die sich rentiert. Und dann kommt Bolizei ond nemmts mit..."

Fast alle Jenischen haben die Inklusion-Angebote angenommen, sie haben sich voll integriert.
Selbst wenn ein Nachfahre Mal Spaßes-halber mit „Miau," begrüßt wird, reagiert dieser meist mit
„Lass das!"
Und allenfalls mit: *„Sei Du mir bloß vorsichtig."*

Aus den meisten jenischen Ortschaften sind inzwischen schmucke Dörfer oder Stadtteile geworden.
Dort leben strebsame, rechtschaffene Leut.

Sport

Neben dem berufsbezogenen Ausbildungsbereich gibt es an den Berufsschulen auch die Fächer Deutsch, Gemeinschaftskunde, Wirtschaftslehre / Wirtschaftskompetenz, Ethik / Evangelische oder Katholische Religion, Englisch und Sport.

Georges, der Bäcker, der ein Lehrer war, wurde vom Rektor der überörtlichen Berufsschule händeringend gebeten neben dem berufsbezogenen Fachunterricht doch bitte, bitte, ausnahmsweise, Sport zu unterrichten. Nun hilfsbereit wie Georges war, ließ er sich dazu breitschlagen. Es sei ja nur, bis der Sportlehrer wieder gesund sei und die Jungs ihr Sportabzeichen haben...

Für die Leichtathletik brauchte Georges einen Sportplatz. Am besten mit Startblöcken für die Kurzstreckenläufe, Platz für Weitsprung, Hochsprung,...
Die letzte Stunde vor dem Wettbewerbstag wollte Georges mit seinen Jungs noch für eine Generalprobe nutzen. Doch: Oh, weh!
Kaum hatten sie angefangen, kam ein Jeep.
Dem entstieg ein alliierter Armee-Offizier.
Laut rufend und Arme schwenkend wollte er Georges und dessen Sportler vom Platz vertreiben:
„ *You have to leave the sports ground! At once!* "

Doch Georges brauchte diese Stunde.
Der Platz hier war noch bis elf Uhr für ihn reserviert.
Danach gehörte dem örtlichen Sportverein der Platz.
Warum also sollte er gehen und auch noch sofort?
Der Offizier blieb nachdrücklich wurde aber höflicher:
„ *Please leave the ground, immediately !*"

Georges seinen Jungs die Anweisung: „Weitermachen."

„Was wollen Sie?"
„We need the ground. Urgently. For an air-borne troop. Here will land combat helicopters."

„Wir haben hier Sport."

„Oh my God! Does anyone from us speak German?"
„The Intelligence Service.
But he' still with the mayor in the town hall."

„Call him!"
„What's the problem?"

„The teacher here doesn't leave the green.
And he doesn't understand me. He only speaks German.
At 11 o'clock will come the helicopters."

Der verzweifelte Offizier ruderte mit beiden Händen über seinem Kopf und brummte. Es sah so lustig aus, dass seine Mannschaft sich ihr breites Grinsen kaum mehr verkneifen konnte. Dann fragte der Officer:
„Do You understand me now?"

Georges schüttelte nur den Kopf.

Inzwischen stand das Vorauskommando herum.
Feixend.
Da begann der Regiments-Trottel zu tanzen und singen:
„German Blockhead. German Blockhead..." [23]

Wütend drehte sich der Officer um und fauchte:
„Stopp it!" Dann deutete er auf Georges und ergänzte:
„If he understands, You will brush the latrine!"

---

23 Blockhead – Dummkopf, Hornochse, Idiot, Schafskopf, Esel.
To be a blockhead – Ein Brett vorm Kopf haben.

Georges schaute nach seinen Jungs.
Dann schaute er auf seine Armbanduhr.
Unbeirrt von dem ständigen „German Blockhead" zeigte Georges dem Officer seine Uhr und deutete an, dass er fünf vor elf Uhr gehe.
„You'll go five before eleven o'clock?"
Georges zeigte nochmals auf seine Uhr, nickte und forderte seine Jungs auf den Platz zu räumen.

Als der Tänzer sein „German Blockhead" zum Atmen unterbrach sprach Georges in die entstehende Stille:
"To be, or not to be: that is the question !" [24]

„You understood all."
„Yes Sir.
At eleven will come the combat helicopters.
It is Your place now. Sir. "

„The teacher said:
"To be, or not to be: that is the question !"
Das wartende Vorauskommando, begann zu begreifen und zu lachen.

„You, will brush the latrine the next fortnight!"
fauchte der Offizier und verpasste dem Tänzer vierzehn Tage Latrinen-Putzdienst.
Der Tänzer tat Georges fast Leid.

„Oh Officer. German teachers speak English and another foreign language. To become a teacher here, they need a general qualification for university entrance,"
kommentierte der Spezialist vom Intelligence Service, der schon eine Weile das Ganze betrachtete, breit grinsend.

---

24 Sein oder nicht sein, das ist (hier) die Frage. Zitat aus: Hamlet, Prinz von Dänemark von William Shakespeare, 3. Aufzug, 1. Szene

Dann wandte sich der Sicherheitsspezialist an Georges:
„Sie wollten nur ihre Übungen rasch zu Ende bringen?"
„Ja. Ich hatte nur noch diese Stunde."
„Nun aber weg hier. Und nehmen sie alle ihre Jungs mit!"
Jetzt musste es schnell gehen.
Denn schon auf dem Rückweg zur Berufsschule hörte Georges den ersten Kampfhubschrauber.

Nichtschwimmer

Eine Woche später bat der Rektor Georges möge doch bitte den Nichtschwimmern im Freibad das Schwimmen beibringen.
„Ich habe keinen Rettungsschein." [25]
„Bei der Wassergewöhnung im Nichtschwimmerbecken kann nichts passieren. Also: Sie machen das!"

Es waren, zum Glück, nur sieben Nichtschwimmer, die Hälfte dessen, was als Gruppe zulässig war.
Das beruhigte etwas. Doch, Georges wusste:
kein Rettungsschein. Wenn da was passiert...
Einer jungen Kollegin wurde dies unverschuldet zum Verhängnis. Sie hatte nichts falsch gemacht.
Georges hat deshalb ein besonders mulmiges Gefühl.

Georges war gerade dabei den Sieben zu erklären, warum er ihnen keinen Schwimmunterricht erteilt.
Doch die Sieben versprachen ihm hoch und heilig seine Anweisungen strikt zu beachten.

Da morgens zu der Zeit kaum Publikumsverkehr war, standen die Sieben und Georges unter alleiniger Aufsicht des Schwimmmeisters. Der machte sich, als Georges eines Tages mit seinen 'glorreichen Sieben' das Wasser verließ ans Schneiden der Hecken.
Die Sieben waren am Ausgang verabschiedet und gingen selbständig zurück zur Berufsschule.
„Meine Schüler sind weg und ich geh dann jetzt auch."
„Ist gut."

---

25 Die den Schwimmunterricht erteilenden Lehrkräfte müssen in der Lage sein, Schüler im Notfall vor dem Ertrinken zu retten. Deshalb ist es erforderlich, dass sie die Fähigkeit zum Retten nachweisen und Maßnahmen der Ersten Hilfe und Wiederbelebung beherrschen.

Der Schwimmmeister machte sich weiter ans Schneiden der Hecken. Doch: Was war das?
Da war ein Glitzern in der frisch geschnittenen Hecke!

Der Schwimmmeister wunderte sich, warum Georges immer noch da war.
„Ich kann hier nicht weg. Bitte kommen Sie zu mir und bringen Sie bitte eine Schere mit."

Kopfschüttelnd befolgte der Schwimmmeister diese Bitte.
„Bitte gehen Sie zu diesem Busch. Da glitzert was."

Im Herbst zuvor hatte der jüngste Kollege, kurz nach seiner Hochzeit, dort während dem Schwimmunterricht seinen Ehering verloren. Alles Suchen dort half nicht. Der Ehering blieb damals verschwunden.

Unter einer Rosenblütenknospe glitzerte der Ehering. Ein halbes Jahr nach dem schmerzlichen Verlust des noch fast neuen Eherings überreichte der junge Kollege seiner verblüfften Frau die aufblühende Rose.

Sie und ihr Ehemann waren so glücklich, dass sie den Schwimmmeister und Georges zu einem ausgiebigen Grillabend einluden.

Kater

Oh. Der Grillabend hatte es in sich.
Ein ausgiebiges, aus lauter Freude über den wieder gefundenen Ehering, liebevoll gestaltetes Fest.

Als die Grillkohle ausging holten Kollegen von zuhause mit dem Caravan Buchenscheite.
Als das Bier ausging fuhren Einige zur Brauerei und Brennerei und holten Bier und Schnaps.
Aus dem Kofferraum eines Kollegen kam eine Ziehharmonika.

Und die Nachbarschaft kam und blieb, als sie den Anlass des Festchens erfuhr.
An die Sperrstunde und ans heimgehen dachte niemand.
Bis sich am Horizont der nächste Morgen ankündigte.

Brav halfen noch alle die Flaschen und den Rasen aufzuräumen.

„Gut. Dass heut Samstag ist." Da lachten einige.
„Was für einen Tag haben wir denn heut?"
„Freitag, Samstag ist morgen."
„Oh wei. Da müssen wir ja heut unterrichten."
„Das müssen wir."
„Unbedingt."
„Schnaps ist Schnaps und Dienst ist Dienst."

Es wurde ein sehr langer Vormittag.
Die Schüler tuschelten. „Die war gestern feiern."
„Der auch." „Nur der Georges nicht."
Ach. Wenn ihr wüsstet, dachte sich Georges.
Und war heilfroh, als er endlich heim durfte.

Wieder Sportvertretung

Allen Beteuerungen zum Trotz dauerte die Sport-Vertretung noch weitere Wochen.
Die Sporthallen waren durchgehend belegt.
Als Georges mit seiner Gruppe dort ankam waren alle Umkleideräume abgeschlossen.
„Dann zieht ihr Euch in den Duschen um."
Als sie vom Sportplatz zurückkamen hörte Georges einen Aufschrei: „Die Duschen sind an!"
Irgendjemand hatte die Duschen in Betrieb gesetzt.
Der Verdacht fiel auf die Mädchengruppe.
Mit der hatte einer der Jungs Zoff.
Aber nun hieß es zuerst:
Die patschnassen Sachen einpacken und trocknen.
Was sollte Georges Anderes tun, als die Gruppe heimschicken?
Das gab natürlich Ärger.
Dass da etwas vorgefallen war, fiel dem Rektor jedoch erst wieder ein, als die Gruppe wiederum mit Georges zum Sport musste. Georges schickte 'seine' Jungs voraus.
Er käme baldmöglichst nach.
Lang und breit wollte der Rektor wissen, was in der letzten Sportstunde vorgefallen war.

Hinweise auf die Aufsichtspflicht, dass nun die Jungs alleine in der Sporthalle seien, ignorierte der Rektor geflissentlich mehrfach.
„Ich konnte nicht anders handeln."
„Trotzdem hätten Sie mich fragen müssen."
„Tut mir Leid, dass Sie sich übergangen fühlen..."
Georges verschwand in Richtung Sporthalle.
„Das hat ein Nachspiel..."

Oh, ja.

Als sich Georges im Laufschritt der Halle näherte, sah er verwundert, dass seine Sportgruppe brav vor der Halle stand.
„Ist die Halle abgeschlossen?"
„Nein."
„Aber. Warum steht ihr dann heraußen?"
„Uns ist was passiert."
„Was ? "
„Wir haben uns umgezogen. - Dann haben wir dort auf Sie gewartet. Es war Einigen langweilig und sie haben sich Zigaretten angezündet.
Plötzlich habe einer aus Spaß gerufen:
„ Dr Georges kommt! "
Schnell wurden die Kippen weggeworfen.
Wir konnten ja nicht wissen, dass der Hausmeister über den Sommer die Papierkörbe und Holzfassaden frisch lackiert hatte. Plötzlich brannten die Papierkörbe und gleich darauf die Fassade lichterloh.
Da haben wir die Pulver-Löscher heruntergerissen und den Brand gelöscht. Jetzt ist alles weiß und voller Staub."

Georges zog seine Sportjacke vor Mund und Nase und besichtigte die Räume:
Alles voll mit Löschpulver.
Die Holz-Paneele hatten kaum etwas abbekommen.
Aber die hölzernen Papierkörbe waren angeschwärzt.

Die Jungs hatten geistesgegenwärtig gehandelt.
Die Holz-Paneele im ganzen Haus waren frisch lackiert.
Einige Augenblicke später wäre der Brand durchs Treppenhaus hoch in die dreiteilige Sporthalle gewandert.

Sollte er die Jungs schimpfen? Die waren erschrocken und bedrückt genug. Klaglos erbaten sie rundum Besen und Kehr-Schaufeln um die Umkleideräume bis hoch in die Halle wieder besenrein zu bekommen.

„Mir hend 2 Pulver-Löscher ausglöst."
„Die müssen jetzt wieder gefüllt werden," meinte der Hausmeister, „und das kostet..."
Leider hatte er auch den Rektor schon informiert.
Die Schule aber wolle die Füll-Kosten für die Feuerlöscher keineswegs übernehmen.

„Herr Rektor, Sie haben mich aufgehalten..."
Aber davon wollte der brüllende Chef gar nichts wissen, im Gegenteil: „Sie haben Ihre Aufsichtspflicht verletzt! Das hat ein Nachspiel. Das Auffüllen der Feuerlöscher bezahlen Sie auch..."
Georges schnappte wütend die leeren Pulver-Löscher und fuhr zur nächsten Feuerwache.
„Ich bin Lehrer an der Berufsschule. Könntet Ihr mir bitte die beiden PG-Löscher wieder auffüllen?"
„Haben Sie eine Löschübung gemacht?"
„Ja."
„Schön, dass da auch Mal einer dran denkt. -
Das Auffüllen ist kostenlos."
„Vielen Dank."

Der Rektor schnappte nach Luft als ihm Georges danach in aller Ruhe erklärte:
„Herr Rektor Sie könnet mich gern - weiter für den Fachunterricht einteilen, aber nie mehr für Sport."

Seine Schüler aber waren traurig.

Die Sportgruppe musste anfangs mehrfach die Woche, später wöchentlich und dann monatlich anrücken, weil das feine Löschpulver noch überall auftauchte.

Aber von da ab hieß es:
Mit dem Georges könne man Pferde stehlen.

Wunder

Manchmal kam Georges als Ausbilder und Berufsschullehrer aus dem Staunen und Wundern nicht heraus:

Der Rektor der Berufsschule hatte, in Anbetracht des schönen Winter-Wetters, einen Wandertag angeordnet. Georges wurde dazu verpflichtet den Wandertag mit einer der Pflichtklassen durchzuführen. Da sich Georges in der Umgebung der Schule noch nicht so gut auskannte, beschloss er, die vorgesehene Route vorher mit dem altersschwachen Bäcker-Auto abzufahren. Georges wollte auch sicherstellen, dass die vorgesehenen Wald- und Feldwege gefahrlos begangen werden können.

Auf den Nebenstraßen, und vor allem auf den Feldwegen, lag Pulverschnee, der tagsüber antaute und über Nacht verharschte. Die oberste Schneeschicht war dadurch so fest geworden, dass das leichte Bäcker-Autochen darauf fahren konnte.

Selbstverständlich befuhr Georges auch Wege, die mit 'Anlieger frei' gekennzeichnet waren.
Als er eine Tal-Querung vor sich hatte, bemerkte er, dass ihm schon geraume Zeit ein Polizeifahrzeug in weitem Abstand folgte. Georges gab Gas, damit er genug Schwung bekam um für den gegenüber liegenden Steilhang genug Schwung zu haben. Es reichte ihm gerade so mit dem letzten Schwung über die glatte schneebedeckte Kuppe.

Am nächsten Tag wurde Georges vom Rektor der Berufsschule schon erwartet.
„Stimmt es, dass Sie gestern den Feldweg durchs Tal zur Schule gefahren sind?"
„Ja. Warum?"

„Wie können Sie. Der Weg war doch sicher nicht geräumt und gestreut?"
„Ja. Er war voller Schnee. Warum?"
„Sie sind angezeigt worden. Warum fahren Sie auch diesen Weg? Der ist nur für Anlieger frei."

„Ich bin die Strecke bewusst abgefahren, weil heute Wandertag ist. Ich musste sicher sein, dass da keine Hindernisse sind."
„Also nur aus berechtigtem dienstlichem Interesse."
„Ja. Ich gehe jetzt mit meiner Klasse."

Auf halber Strecke, des von Georges ausgesuchten Rundweges, war ein Gasthaus.
„Kehren wir dort ein," bettelten einige Schülerinnen.
„Wir kehren dort ein. Ich hab gestern extra gefragt: Das Gasthaus ist offen."
„Au prima, dürfen wir vorausgehen?"
„Nur wenn ihr anständig seid."
„Sind wir doch immer."
Als Georges mit den Nachzüglern das Gasthaus betrat, sah er, dass einer der Schüler sich ein Bier bestellt hatte.

Die Stammtischbrüder rätselten und diskutierten bereits: Ob der Schüler schon sechzehn ist?
Georges wusste:
Die Schüler der unteren Pflichtklassen sind meist noch keine sechzehn Jahre alt. Da droht Ärger.

„Du. Darf ich Mal probieren," fragte Georges.
„Ja," antworte der Schüler arglos.
Georges setzte an und trank das Glas aus.
Beifall vom Stammtisch.

Der Schüler schaute verdutzt:
„Mein Bier!"

„Bist Du schon sechzehn?"
„Nein."
„Dann darf Dir der Wirt auch kein Bier geben."
Widerstrebend und murrend bestellte der Junge für sich ein alkoholfreies Getränk.

Beim Gehen verlangte der Wirt von dem Schüler das Geld mit der Begründung:
„Wer bestellt, der bezahlt," fürs Bier und den Sprudel.

Der Schüler moserte:
„Und wann bekomme ich das Geld für das Bier?"
„Wenn Du Deinen Berufsschulabschluss in der Tasche hast, dann gehe ich mit Dir Eins trinken. Dann bezahle ich Dein Bier."

Die jungen Damen der Klasse, damals sagte man noch Mädchen, beklagten sich, dass sie ein Junge ständig bedränge. Da musste etwas geschehen. Rechtzeitig. Auf Georges Frage, ob das mit dem aufdringlichen Verhalten gegenüber der Mädchen stimme, antwortete der großspurige Junge:
„Ja. - Aber das ist doch nur Spaß."
„Ich sag es Dir nur einmal:
Wir sehen das anders. Das ist Belästigung.
Merk Dir eins:
Wenn du glaubst, wenn Dir was gewachsen ist, dass Du dann schon erwachsen bist, dann täuscht Du Dich! Gewaltig!"

Während dem Ausflug und dem Aufenthalt im Naturkundemuseum verschwand eine de jungen Damen aufs WC und kam nicht zurück. Besorgte Mitschülerinnen schauten nach und berichteten, das Mädchen würde auf dem WC herzzerreißend weinen. Was ist da los?

Die Unglückliche sei untröstlich. Warum?
Sie habe Angst, sie würde verbluten.

„Fragt sie. Ob es sein kann, dass Sie ihre Regelblutung bekommen hat? Hat jemand ein Tampon dabei? Dann versorgt sie damit."

Es stellte sich heraus, dass das arme Ding unaufgeklärt und ob des Blutes zu Tode erschrocken war. Mit Tampons hätte sie keine Erfahrung und Binden hätte niemand.
Die Kassiererin des Museums war entsetzt, als Georges sie fragte, ob er ihr mit einer Monatsbinde aushelfen könne. Nach einigem Hin und Her erfuhr er, dass ein Lädchen in der Nähe wäre, das so etwas haben könne.
„Darf ich nach dem Einkauf wieder herein?"
Ausnahmsweise. Aber es sei schon eine Zumutung, dass die Klasse keine weibliche Begleitperson dabei habe.

„Das verdutzte Gesicht der Ladeninhaberin hab ich heute noch im Gedächtnis, als ich sie fragte, ob sie mir bitte eine Monatsbinde habe."
Sie war zuerst empört. Doch dann hat sich nach einigem Hin und Her alles aufgeklärt:
„Was man heutzutage als Lehrer alles besorgen muss."
„Die fürsorgliche Frau gab mir neben der Monatsbinde ein Höschen und eine Plastiktüte mit."
„Das eigene ist bestimmt ganz durch. Und der Schock. Das arme Mädchen."

Georges wunderte sich nach einiger Zeit über die Klassenbucheinträge im Fach Sport. Die Kollegin beurlaubte die jungen Damen alle vierzehn Tage.
Was war da los?
Die Mädchen sagten, sie können keinen Sport machen.
„Also unpässlich." „Ja."
„Alle vierzehn Tage?"

„Ja. Alle."
Vor der Pause bat Georges seine jungen Damen noch kurz zu warten. Er erklärte ihnen, dass das zu weit ginge.
„Aber wir sind wirklich alle vierzehn Tage unpässlich."
„Dann seid ihr alle biologische Wunder," beschied Georges. *„Eure Lehrerin fehlt ja auch nicht im Sport. Fragt sie Mal im Vertrauen, wie sie das als Frau managt."*

Ach ja. Strafzettel gab es keinen.
Sondern indirekt ein Lob:

Im Anbetracht dessen, dass ein Kollege sich mit seiner Klasse auf dem Burgberg so jämmerlich verirrt hatte, dass sie alle auf dem Hosenboden den Burgberg herunter rutschen mussten... sei die Anfrage der Polizei eher lustig.
Denn das Polizeifahrzeug, ein Mercedes, war stecken geblieben und musste mühsam abgeschleppt werden.

Der Schüler, der unter Sechzehn ein Bier bestellte, kam eines Tages mit seinem Abschlusszeugnis zu Georges.
„Oh. Du hast Deinen Abschluss geschafft. Es sah lange nicht danach aus."
„Ja. Ich weiß. Und wundere mich über mich selbst. - Aber ich wollte unbedingt, dass Sie mir mein Bier bezahlen."

„Der Wirt staunte nicht schlecht, als wir beide gemeinsam kamen und ich für meinen Schüler und mich auf meine Kosten ein Bier bestellte," erzählte Georges.

„Versprochen ist versprochen:
Wenn Du Deinen Berufsschulabschluss in der Tasche hast, dann gehe ich mit Dir Eins trinken.
Dann bezahle ich Dein Bier. - Zum Wohl!"

Weihnachten Down Under

Ein Studienkollege von Georges ließ sich von einer Auslandsschule anwerben. Es gefiel ihm dort gut: Nur zu Weihnachten habe er den Tannenbaum schrecklich vermisst. Auch die Kollegen an der Deutschen Schule sehnten sich nach einem richtigen Tannenbaum.

Also haben die Bekannten und Verwandten zuhause zusammengelegt und zwei wunderschöne Blautannen erworben.
Sie wurden jeweils in ein Netz und dann in eine Folie mit Wasser gesteckt und in Folie verschweißt.
Das Ganze wurde noch in eine schwarze Folie eingeschweißt, damit beim Transport ja nichts passiert.

Die beiden gluckernden Pakete mit der Aufschrift

Geschenk – present
Christbaum - Christmas tree
Muster ohne Wert - sample without value

gingen auf die Reise.

Irgendwo waren irgendwem die länglichen Packstücke suspekt. Deshalb durchstachen sie die Plastikfolien bei einem der beiden Pakete.

Die Deutsche Schule und der Lehrer freuten sich.
Eine Blautanne. Wunderhübsch. Und der Duft!

Da Christbaumständer fehlten wurden diese rasch beim Werklehrer in Auftrag gegeben. Die Tannen wurden aufgestellt, die eine in der Schule, die andere bei dem Lehrer zuhause.
Geschmückt sahen die Blautannen noch besser aus.

Beim abschließenden Fest an der Schule, vor den Weihnachtsferien, waren alle stolz.

Der Lehrer ging mit seiner Frau und seinen Kindern in die Christmette. Sie freuten sich. Denn unter der schön geschmückten Blautanne lagen schon die Geschenke.

Als sie heimkamen deckten sie den Tisch.
Erwartungsfroh betrachteten die Kinder die Päckchen.

Der in Down Under sehnlichst erwartete kühle Nachtwind kam auf und fegte durchs Zimmer.
Eine Böe war besonders heftig, die Terrassentür flog mit einem lauten Knall zu.

Oh!
Betroffen standen die Kinder vor der Bescherung:
Alle Geschenke waren dick mit Tannennadeln bedeckt.
Der Baum aber stand geschmückt und nackt im Raum.

Die Blautanne in der Schule hielt ihre Nadeln bis nach Neujahr. Dann nadelte auch sie.

Das aber sah nur der Hausmeister.

Als die Schüler aus den Ferien zurückkamen war auch dieser Baum schon entsorgt.

Ein Schwabe lernt Fremdsprachen

Immer mehr Schüler und Auszubildende kamen aus dem Ausland: aus Italien und Spanien, aus der Türkei, dem ehemaligen Jugoslawien oder aus Russland.
Viele Schüler konnten kein Deutsch. Manche wollten auch kein Deutsch lernen. Georges war rasch klar:
Wenn er seinen Schülern etwas Beibringen wollte, musste er als Lehrer ihre Sprache sprechen.
Anfangs bemühte er sich den Schülern mit seinen einfachen Fremdsprachen-Kenntnissen weiterzuhelfen.
Seine Handbibliothek enthielt neben den Lexika für Englisch und Französisch, aus seiner Schulzeit, bald Lexika für Italienisch, Spanisch, Türkisch und Russisch.
Das funktionierte recht gut.

Nichts hasste er als Lehrer und Ausbilder mehr als Leute, die andere drangsalierten. Einer trieb es besonders krass:
Nicht nur, dass 'Vlad' sich bei seinen Kameraden einfach bediente und dies dann als sein Eigentum betrachtete.
Er erklärte seiner Mutter, dass die Fünfen bewiesen, was für ein guter Schüler er wäre. [26]

Das fiel nicht weiter auf. Wer verstand und sprach an der Berufsschule schon russisch? So dolmetschte 'Vlad', seine Lehrer und seine Mutter glaubten ihm.

'Vlad' hatte sich wieder bereichert und war nun beim Klauen wiederholt erwischt worden. An einer normalen weiterführenden Schule wäre er von der Schule verwiesen worden, weil er sich auch gegenüber der Schulleitung lautstark uneinsichtig zeigte. Aber dies war eine Berufsschule und 'Vlad' ging in eine Pflichtklasse. [27]

---

26 Eine (5) in Russland entspricht der deutschen Note (1) sehr gut.
27 Name geändert.

Nun war die Mutter vom Rektor und der Sozialarbeiterin einbestellt worden, weil es einige Tage zuvor zum Eklat gekommen war.
'Vlad' übersetzte was sie sagten ins Russische.
Der Bäcker, der ein Lehrer traute zuerst seinen Ohren nicht, als er hörte, wie 'Vlad' seiner Mutter allen Ernstes auf russisch erklärte:
Das Ganze sei nur ein Missverständnis. Alle Lehrkräfte seien mit ihm und seinen Leistungen sehr zufrieden.

Der Blick von 'Vlads' Mutter fiel auf den Ausbilder, als er gerade hereinkam um sein Postfach zu leeren.
Das Rascheln hatte sie abgelenkt. Deshalb bat sie 'Vlad', das eben Gesagte zu wiederholen.

'Vlad' erklärte seiner Mutter allen Ernstes nochmals auf russisch:
Das Ganze sei nur ein Missverständnis. Alle Lehrkräfte seien mit ihm und seinen Leistungen sehr zufrieden.

„Eto nitschewo, ne Prawda. On otschen sloi Maltschik!"
'Vlad' stürzte sich wutentbrannt auf Georges.
Doch Georges blockte den Angriff ab.
„Was 'Vlad' gesagt hat ist keineswegs die Wahrheit. Er ist ein sehr schlimmer Junge. Er hat alles falsch übersetzt."
„Du Schuft. Du hast alles verraten...," brüllte 'Vlad', erhob die Fäuste und verriet sich so selbst.

'Vlads' Mama fragte nach. Aber sie hatte bereits intuitiv verstanden, dass ihr 'lieber' 'Vlad' all seine Lehrer und sie mit seinen Übersetzungen genasführt hatte.

'Vlads' Mama äußerte daraufhin dringlich die Bitte, sie möchte für fünf Minuten mit 'Vlad' alleine im Zimmer sein. Die erboste Mama ließ ihrer maßlos enttäuschten russischen Seele freien Lauf:

Sie zog ihre Schuhe aus und verdrosch ihren Sohn nach allen Regeln der Kunst.
Von da ab hatte der Ausbilder der Bäcker einen Feind: 'Vlad'.

Die Sozialarbeiterin und der Rektor waren erst baff.
Dann meinte der Rektor:
„Ich wusste gar nicht dass Sie Russlanddeutscher sind."
„Bin ich nicht." „Aber sie kommen aus dem Osten..."
Da trollte sich der wackere Schwabe verschnupft, weil man ihm nicht glaubte.

Bei seinem Abschied sagte einer seiner Schüler:
„Du kommst auch aus Russland. Ich habe Dich dort aber nie gesehen."

Ich kann mir das Gesicht von Pauls Vater vorstellen:
Dieses weise, verschmitzte Grinsen von dem Ausbilder, Prüfer und Bäckermeister, der ein Lehrer war.
Ich habe Georges gefragt, ob er je in Russland war:
„Ach lass sie reden. Ich war nie in Russland."

Der Betriebsausflug

Schon von Anfang an, als Georges noch als Meister seinen Betrieb führte, lud er mindestens einmal alle zu einem Betriebsausflug ein.

Dabei war es meist eine Kombination aus Lehrfahrt, einer Besichtigung mit Besuch eines Lieferanten oder Abnehmers, einem guten Mittagessen und einer Wanderung mit anschießendem gemütlichen Zusammensein.

Nun hat er schon lang den Betrieb an seinen Ältesten übergeben. Auch, um mehr Zeit als Lehrer an der Berufsschule und als Ausbilder zu haben. Bis auf 2020 hat auch Georges Sohn diese Tradition beibehalten. [28] Mit Wehmut erinnern sich alle an diese Ausflüge.

Davon ist auch ein Besuch auf einem Hof, der sich auf Aronia-Beeren spezialisiert hat und dessen Senior-Chefin, die Maria Crescentia, in Erinnerung geblieben.

I ben d'Cresenz [29], ond jetz wird nemme gewätzet,
Wenn jemand schwätzet, dann ben des bloß no i.
Wenn mr nochher fahret, no kennet ihr schwätza so viel ihr wöllat. Hosch du des au g'höret?
Wenn jemand schwätzet, dann ben des bloß no i.

Mir hend an arondierta Hof:
365 Tagwerk und oin Heilig Obend.
Zuerst hend mr a paar Stauda Aronia g'kaufet , und drauße in oim Feld eingsetzet.
Bis mir reacht gucket hend,
hend Reah älles agfressa, ratzebutz, na bis zom Boda.

---

28 2020 war das Corona-Lockdown
29 Oberschwäbisch für Maria Crescentia.

Na hem mr halt nomal so viel Stauda g'kaufet
und eingsetzet.
Und an Zaun drom rom gmachet.
Im Herbst, wolltet mir dia Bearla radoe:
Bis mir reacht gucket hend,
hend Vögel alles aabeeret.

Na hem mr halt nomal so viel Stauda g'kaufet
und eingsetzet.
Und an Zaun drom rom gmachet.
Und gucket, dass der immer zua isch,
schost waret wieder Reah drin.
Ond na sind Leut komma und hend gfraget:
Was send denn do für Beer drenna?

Na hem mr halt nomal so viel Stauda g'kaufet
und eingsetzet.
Und an Zaun drom rom gmachet.
Und gucket, dass der immer zua isch,
weil d'Leut immer mehr danach gfraget hend.
Ond au den Saft hend haba wolla.

Na hem mr halt nomal so viel Stauda g'kaufet
und eingsetzet.
Und an Zaun drom rom gmachet.
Heut fahret mir zuerst mit dem Vollernter nei,
was na no hanga bleibet, derfat Leit selber ernta,
und was dann no bleibet, holat im Herbst Vögel.

Im Saft send Isocyanate, des isch a roater Farbstoff,
in de Brombeer isch so viel
(zeigt weniger als die Hälfte)
ond im Rotwein vielleicht ein Zehntel.
Hosch du des au g'höret?
Wenn jemand schwätzet, dann ben des bloß no i.

Fraua hörat halt zua.
Wenns Eure Mandr mangelt
zwischa Bauchnabel und Knia.
Na gebat dr deam 100 Milliliter von dem Saft.
Na jucket der wieder wia a Junger.
Aber gebat ihm net mehrar als 100ml am Tag,
sonst stoht er Euch um.

Jetzt babbelet dia da vorna scho wieder.
Was soll i mit Euch bloß macha.
Ihr seid doch de schlimmst Gruppa, die i je ghabet hao.
I hör jetzt einfach auf.
Na kennet ihr schwätza so viel ihr wöllat.

Die Verkäuferinnen der verschiedenen Bäckerei-Filialen sehen sich nur selten. Sie hatten und haben sich bei den Ausflügen dementsprechend immer viel zu erzählen...

Georges war es eigentlich gar nicht recht, dass nur der Älteste die Bäckerei bekam.

Aber jetzt ist er zufrieden:
Paul sein Jüngster war erst auf Walz gegangen.
Dann hatte er in Bad ...ingen Leonie kennengelernt.
Jetzt hatte er mit ihr in Mulhouse 'seine' Bäckerei.
Und da war jetzt auch Leo Paul. Georges Enkel und Leonies lang ersehntes Söhnchen.

Sie haben das Gerät

Es war noch zu der Zeit als Stichproben-artig jemand vorbei kam um bei Nichtanmeldung das Vorhandensein von Rundfunkgeräten zu prüfen.

Eines Tages bekamen zwei Studentinnen die Aufforderung die Gebühren für sich und den Herrn Zottl Bär, der bei ihnen wohne, nachzuentrichten.
Es sei nachweislich ein Rundfunkgerät vorhanden.
Aber auch der Herr Bär habe auf das Klingeln, Klopfen und Rufen nicht geöffnet.

Die dreifache Nachforderung sei ungerecht, argumentierten die beiden Studentinnen.
In ihrer Pein erzählten sie das aufgebracht der Chefin der Bäckerei in der sie immer übers Wochenende jobbten.
„Und ihr habt wirklich niemand bei Euch übernachten lassen?"
"Nein."
"Nie."
Das war für die Chefin glaubhaft, denn die beiden waren sehr enge Freundinnen.

Sie besäßen auch kein Rundfunkgerät. Das alte Röhrenradio gehöre dem Vermieter.
"Aber wir machen die alte Schepper-Kiste nur an, wenn wir außer Haus sind."
„Warum das?"
In letzter Zeit werde vermehrt in Wohnungen eingebrochen.

Die Mahner aber waren unerbittlich:
„Selbst dann, wenn Sie das Gerät nicht nutzen, müssen Sie die Gebühr bezahlen. Sie haben das Gerät. Sie sind Rundfunkhörer."

Die Studentinnen zeigten diese Auskunft einem Juristen. Darauf baten die Studentinnen den Kontrolleur zwecks Augenschein nochmals vorbeizukommen.

Doch oh Schreck. Die Studentinnen zeigten auf seinen Schritt und riefen lautstark:
„Vergewaltiger." „Vergewaltiger."
„Was soll das? Was erlauben Sie sich?"
„Sie haben das Gerät. Sie sind ein Vergewaltiger!"

Fluchtartig habe der Kontrolleur das Mehrfamilienhaus verlassen. Fast wäre er auf dem Weg vom Dachgeschoss hinaus auf der Treppe noch gestürzt.

Über Zahlungsaufforderungen an Herrn Zottl Bär lachte nicht nur die ganze Hochschule. Im Internet gab es massenhaft Kritik. [30]

Sogar der beauftragte Gerichtsvollzieher konnte sein Schmunzeln nicht verkneifen. Festgestellt wurde:

Der 'Herr Zottl Bär' stamme aus Giengen/Brenz.
Er sei weder volljährig noch strafmündig
und besitze kein pfändbares Vermögen.
Als Ausweis trage er einen Knopf im Ohr.

Das Bild mit dem Namen des Plüschtiers hatten die Studentinnen aus Jux an ihren Briefkasten geklebt.

30 https://glossar.xeit.ch/shitstorm

Herr
Zottl Bär

Suche höflichen Hahn

Georges, dem Bäckermeister und Ausbilder, der ein Lehrer war, ist keineswegs entgangen, dass seine Frau heimlich seine handgeschriebenen Memoiren las und dann der Schwiegertochter zum Abtippen schickte.

Irgendwie kam auf, dass seine Schwiegertochter Leonie, im 'feindlichen westlichen Ausland', diese Texte bekommt. Eines Tages entdeckte Georges einen im 'Dreiecksland', genauer: im Alsace redigierten Text.

Georges lobte Leonie:
„Ich habe gar nicht gewusst, dass Du so gut Deutsch kannst. Alle Achtung! Chapeau! "

Da hat Leonie ihrem Schwiegervater gebeichtet:
„Papa, jetzt wirs Du mir sehr böse sein:
Das war Cosima. Ich 'abe sie gebeten..."

So kam auf, dass Leonie die Texte mir zum Gegenlesen gab. Um sie dann redigiert per E-mail zurück ins Donautal zu schicken.

Leonie war sich sicher, dass ihr Schwiegervater Georges pour l'éternité, also auf immer und ewig, mit ihr beleidigt ist. Sie wusste, sie hätte Georges um Erlaubnis fragen müssen. Aber, wie sollte sie dies machen?
Das Buch mit Georges Memoiren sollte doch eine Überraschung sein!

Nach einiger Zeit erhielt Leonie ein Manuskript mit der Überschrift:

Suche höflichen Hahn für sieben Hühner

Es beschrieb, wie es Georges an seiner ersten Dienststelle im Besonderen ergangen war:

Da Georges fremd in der Gegend war, bat er eine seiner Kolleginnen:
„Würdest Du so nett sein und mir Deine Heimat zeigen?"
Die junge Kollegin missverstand ihn:
Sie wolle zuerst die Trennung von ihrem letzten Freund verdauen.
„Dann tut Dir etwas Abwechslung sicher gut. Würdest Du mir bitte Deine Heimat zeigen?"
„Nein."

Die feinen Ohren von Georges hörten zwar aus Gesprächsfetzen heraus, dass es der jungen Kollegin im Nachhinein leid tat.
Aber es blieb beim: Nein!
Georges musste auf eigene Faust die Umgebung erkunden. Er buchte eine Busfahrt auf den Bussen.
Bevor er ausstieg, warnte der Busfahrer:
„Vorsicht. Hier wird auch Sex angeboten. Wer darauf eingeht, dem fehlen nachher Autoschlüssel, Ausweis und Geldbeutel."

An dem Tag war es windig und kalt. Es war diesig, es drohte zu regnen und die Rundumsicht war durch tief hängende Wolken stark beeinträchtigt. An diesem Samstag war wenig los auf dem Bussen. Nur ein Teil der Stände mit Devotionalien waren geöffnet.
Bei Georges kam keine Wallfahrt-Stimmung auf.

Betrübt schaute er sich die Devotionalien nochmals an.
Da machte eine junge Dame in ortsunüblicher Tracht Georges schöne Augen.
Man könne doch jetzt zu seinem Auto gehen.
Zur Enttäuschung der Hübschen, erklärte Georges:

„Ich bin mit dem Bus da."
Da bedeutete sie ihm:
An der Klostermauer gäbe es auch ein gutes Plätzchen...

Die Tochter aus dem Nachbarhaus grüßte.
Später fragte sie Georges nach dem woher und wohin.
Das wurde zum nahezu täglichen Ritual.
Eines Tages hatte sie ein Heft dabei.
Sie müsse ihn etwas fragen. Ob sie mit ins Haus dürfe, es würde etwas länger dauern. In ihrem Kleidchen sei es hier draußen doch etwas kühl. Nun warum sollte Georges ihr diesen Wunsch abschlagen?

Als die Kleine bei ihm ihr Röckchen lüpfte und sich daran machte ihr schneeweißes Höschen... fragte Georges, in welche Klasse sie ginge:
„In die Siebte."
Die Kleine hatte wahrscheinlich ihr 14. Lebensjahr noch nicht vollendet. Wie sollte er ihr, ohne sie zu verletzen nur klarmachen, dass sie dafür noch zu jung war?
„Wenn Du etwas älter bist, darfst Du gern," war wohl die falsche Antwort. Er sah sie nie wieder.

Da die ersten Sonderschüler mit den Frühbussen der pendelnden Arbeiter anreisten, begann sein Dienst als Aufsichtsperson um 6.15 Uhr. Da er um 5:50 Uhr aufstand, musste das Ankleiden oft rasch gehen.
Unterwäsche, Strümpfe, Hose, Hemd und-oder Rollkragen-Pulli, Schuhe und Jacke anziehen, fertig.

Eines Tages fragte ihn die Klassensprecherin:
„Warum tragen Sie immer Rollkragen-Pullis?"
Georges wusste auf Anhieb keine rechte Antwort:
„So halt."
„Sind da Knutschflecken drunter?"

Um 12 Uhr war für alle Schulschluss und die Auswärtigen fuhren wieder heim.
Eines Tages bat die Elternvertreterin um ein Gespräch. Georges ging davon aus, dass sie wissen wollte, wie sich ihre Tochter in der Schule so macht. Stattdessen erfuhr Georges, dass seine Klassensprecherin von ihm schwärme.
Und es sei so schwierig jemanden zu finden, der der Tochter und ihr gefalle. Dabei sah sie sich nach einem passenden Möbelstück im Klassenzimmer um.
Georges: *„Nicht hier,"* fasste die willige Dame als generelle Ablehnung auf. Danach schaute der junge Mann, dass er in einer der umliegenden Gaststätten etwas Ordentliches zum Essen bekam.

Glücklicherweise hatte dieses Intermezzo keine Auswirkung auf sein gutes Auskommen mit der Klassensprecherin.

Georges Chef war fassungslos. In den hellhörigen Gängen des alten Klosters bekam Georges mit, wie sich sein Chef echauffierte:
„Wie kann man so eine gute Partie ausschlagen..."

„Ich hab so Lust auf Sex," erzählte die junge Kollegin eines Tages ihrer Parallel-Kollegin während einer Pause auf dem Schulflur. Wusste sie es oder dachte sie nicht daran, dass die alten Klostermauern keinen Schall schluckten?
Was am Anfang des Ganges geredet wurde konnte man am Ende des Ganges noch gut verstehen.

Dann beratschlagten die Kolleginnen, wer und was für diesen Zweck geeignet wäre.
„Der eine Kollege ist frisch verheiratet,...
und oben ist doch der abgedeckte Sandkasten."

„Ich organisier das," beschloss der Chef.

„Sie müssen dankbar sein, dass die Kollegin sich die Arbeit mit den Lernmitteln für Sie macht. So, wie ich Sie kenne haben Sie sich noch nie dafür bei ihr bedankt!"
Eh sich Georges versah, verdonnerte der Chef ihn zur Mithilfe bei den Lernmitteln auf der Bühne.

Georges fühlte sich ungerecht behandelt und war so sauer, ob der Unterstellung er sei undankbar, dass er die erste Viertelstunde oben schimpfte wie ein Rohrspatz.
Die Kollegin hatte keine Arbeit für ihn.
Sie hatte vor lauter Erwartung auch gar nicht daran gedacht. Bedrückt meinte sie:
„Die unten denken jetzt, wir hätten Sex."
„Die sollen denken, was sie wollen!"

Der Chef war entgeistert.
Er war der festen Überzeugung:
„Wenn eine Frau einen Mann will, bekommt sie ihn."

Er hatte noch mehr solche Leitsätze:
„Legasthenie gibt es nicht. - Da ist jemand nur zu faul die Buchstaben richtig zu lernen und das Ganze richtig zu lesen. Das ist alles reine Übungssache!"

Es gäbe drei Intelligenzbereiche:
„Kopf, Herz und Hand. - Sonderschüler sind nicht dumm, sie nutzen nur ihre Intelligenz anders."

Die pubertierenden Mädchen im Ort waren begeistert von den Pferden. Und sie sprachen begeistert vom Reiten.
Dies umso mehr, weil der Reitverein auch ärmeren Kindern das Reiten ermöglichte. Lobenswert.
Der Reitlehrer des Vereins sei auch sehr einfühlsam.

Irgendwann wurde gemunkelt, dass der Reitlehrer nicht nur die Pferde einritt. Ein Vater sei gar mit der Peitsche dazwischen gegangen...

Zwei befreundete Reitschülerinnen wurden schwanger. Beide warfen sich gegenseitig vor:
„Du bist schuld, dass der Reitlehrer ging."
Von da ab waren sich die beiden, ehemals dicken Freundinnen, Spinne-feind.

Der Chef der Sonderschule fasste dies wie folgt zusammen:
„Es gibt drei Intelligenzbereiche:
Kopf, Herz und Hand."
Nur wer genau aufpasste, achtete dabei auf dessen Handbewegung vom Kopf übers Herz zum Hosenladen.
„Bei Manchen ist die Priorität nach unten verschoben.
Und sie beginnen damit früher als Andere."

Das Kollegium beschloss zu einem kleinen Dorffest mit anschließendem Tanz zu gehen. In den engen Dorfstraßen war kein Platz zum Parken. Also stellte Georges sein Auto in eine Wiesen-Einfahrt.
Treffpunkt war der erste Hof, der Elternhof der lustvollen Kollegin. Der Bauer reagierte etwas unwirsch, als er hörte, dass Georges ein Kollege von seiner Tochter war:
„Scho wieder so a Hungerleider," brummte er.
Und meinte dann hintersinnig zu Georges:
„Sie kennet da den Brummer melka."
„Nur, wenn Sie da selber einen Liter Milch rauskriegen," bekam er von Georges als Antwort.
Georges wollte keinesfalls den Stier melken.

Die 17-jährige Schwester beschlagnahmte Georges.
Sie zeigte ihm im Stall ihr Lieblings-Kälbchen.
Dies amüsierte Georges: Das kannte er.

Im Herausgehen rieb die 17-jährige ihre Brüste an ihm.

Der Bauer schaute an den Himmel. Wolken zogen auf.
Er hatte noch Öhmd draußen. Das sollte keinesfalls nass werden. Also fuhr er noch rasch aufs Feld.
Feiern könne man nachher auch noch.

Georges erklärte sich bereit zu helfen. Er verlangte nach einer Gabel, bekam aber stattdessen einen Rechen.
Die kleine Schwester, die Bäuerin und der Bauer waren ein eingespieltes Team. Georges musste Nachrechen.
„Oh, das kannst du ja!"
„Oh, was hend Ihr denkt?"

Als sie fast fertig waren hörte Georges:
„Ich fahr nicht mit Euch heim. Ich geh mit Georges an den See baden."
„Desch kannsch net macha, die Schwester will den."
„Des isch mir egal!"

Die Kleine hatte offenbar Feuer gefangen, dachte Georges. Wenn er mit zum See ginge, wäre er zwischen zwei 'Feuern' und das täte niemals gut.
Außerdem war da noch das Dorffest mit Tanz.

Der Tanz hatte gerade begonnen.
Die Kleine kam auf Georges zu:
„Tanzt Du mit mir, bitte?"
„Gern."
Da stupste jemand Georges auf die Schulter:
„Du! Des isch fei mei Fee!"
Er wollte klarmachen, das sei sein Revier.
Das passte der Kleinen ganz und gar nicht. Sie fauchte:
„I tanz mit wem i will !"
Selbstverständlich bat Georges auch seine Kolleginnen und die Frau vom Chef um einen Tanz.

Die lustvolle Kollegin brüskierte Georges:
„Pfui. Du stinkst nach Stall !"
Aus dem Tanz wurde nichts.
Auch wurde die Stimmung unheilvoll:
Die männliche Dorfjugend sah ihre Reviere beeinträchtigt.
Da war es wohl besser, wenn Georges verschwand.
Auf dem Weg zu seinem Auto wurde er von der Kleinen überholt:
„Gehst Du mit ins Heu?"
„Du spinnst wohl!"

Später erfuhr Georges, dass er da dann wohl Prügel bezogen hätte. Denn es fiel rasch auf, dass die Kleine plötzlich auch fehlte.
Außerdem hatte er sein Auto in ein Ried gestellt, das die Bauern selbst nur mit überbreiter Doppelbereifung befuhren. Da sei schon manches Fahrzeug in dieser Moorwiese eingebrochen...

Ein paar Tage später besuchte ihn die 17-jährige.
Auch sie schürzte ihr Röckchen und zeigte ihr reinweißes Höschen. Sie war ihm aber keineswegs böse, dass er das Angebot nicht annahm.
„Dann später."
Die Woche darauf hielt sie ihn auf dem Weg zur Gaststätte an. Sie wolle unbedingt das 'Fahren' lernen.
„Du weißt, dass ich als Lehrer gekündigt habe."
„Ich weiß. Trotzdem."

Ach ja. Da war die Baronesse, die meinte vor der Lehrprobe wäre noch genug Zeit... und danach:
Neben dem Café in der Stadt, da wäre ein enges Gässchen...
Die Parallelkollegin wollte zum Schluss auch wissen, ob sie Georges rumkriegt.

Und da war noch eine Bäckertochter.
Aber das ist eine ganz andere Geschichte...

„Was mit der Konkurrenz hatte er es auch noch..."
entfuhr es Georges Frau.
Ihre Schwiegertochter konnte sie gerade noch bremsen:
„Du, denk nach, der meint Dich!"

„Aber was soll das mit dem
höflichen Hahn für sieben Hühner ?"
„Schwiegermama zähl Mal..."
„Der bezeichnet da uns Frauen als Hühner..."
„Aber Mama! Zähl richtig! Es sind sieben Hühner und ein höflicher Hahn. Und da war noch eine Bäckertochter.
Aber das ist eine ganz andere Geschichte..."

Georges, ich kann mir Dein Grinsen vorstellen!
Auch als ich Dein Postskriptum las:
Leonie, Du darfst auch dieses Manuskript Cosima zum Redigieren geben. Liebe Grüße:
Cosima, Du machst das gut.
Danke Georges für Dein Vertrauen!
Ich hab Georges noch gefragt, wie er auf den Titel kam.

Georges:
Als ich das Kapitel schrieb, fiel mein Blick auf de Anzeigenseite unserer Tageszeitung.
Da stand neben den Partneranzeigen:

Suche höflichen Hahn
für sieben Hühner
Rasse egal.

Unsichtbare und sichtbare Spuren

Wieder habe ich von Leonie, Pauls Frau, ein Manuskript aus dem Donautal erhalten. Immer wieder fallen Georges, dem Bäckermeister, der ein Lehrer war, noch Geschehnisse ein:

Zum Entsetzen seiner Großmutter hatte Georges Großvater die Angewohnheit bei den ersten Gewittern im Frühjahr hinauszugehen. Er wollte unbedingt wissen, welchen Weg das 'Wetter' nahm. Großmutter zeterte:
„Du wirst noch vom Blitz erschlagen!"
„Unter dem großen Vordach passiert mir nichts. Da werde ich nicht einmal nass," erwiderte der Großvater jedes Mal gelassen und widmete sich ausgiebig seiner Wetterbeobachtung.
Natürlich wollte Georges wissen, warum sich sein Opa jedes Mal bei den ersten Gewittern nach draußen begab:
„Opa, warum schaust Du Dir jedes mal das Gewitter an?"
„Schau. Heuer kommt das 'Wetter' das Tal entlang und zieht von dort nach Osten ab."
„Ja."
„Und weißt Du noch, wie das letztes Jahr war?"
„Ja, das war schlimm. Es war zwei Mal da."
„Da kam es aus dem Tal. Lief über uns weg zu unserem Hausberg und kam wieder zurück."
„Das war schlimm!"
„Besonders schlimm daran war, dass die nächsten Gewitter denselben Weg nahmen..."

„Aber das ist im Tal geblieben und ist nun schon weg."
„Und das ist gut so."
„Warum?"
„Die nächsten Gewitter werden seinem Weg folgen und meist auch im Tal bleiben."
„Warum?"

„Das weiß ich nicht. Aber ich weiß, dass es jedes Jahr fast immer so ist."
Heute weiß Georges, dass das wahrscheinlich etwas mit Ionisierung zu tun hat, die das erste Gewitter auf der Erde erzeugt. Die weiteren Gewitter folgen meist dieser Spur oder laufen parallel dazu.

Der Herr Apotheker war ein angesehener Mann. Doch der Apotheker in der Stadt war darüber hinaus ein Fachmann und erfolgreicher Geschäftsmann dazu. Da er keine Nachkommen hatte, verfügte er, dass er ein Urnengrab möchte. Sein Vermögen, das laufende Einkommen aus der Verpachtung der Apotheke sowie die Gewinne aus dem Verkauf der von ihm entwickelten Salben, sollen in eine nach ihm benannten Stiftung eingebracht werden. Aber ansonsten war mit ihm 'schlecht Kirschen essen'. Selbst, wenn jemand in Not war, hieß es bei ihm stets:
„Ohne Moos nix los."
Anschreiben ging bei ihm nicht. Arzneimittel und Salben gingen stets erst nach Bezahlung über den Ladentisch. Er war und blieb ein Einzelgänger und hatte kaum Freunde. Die Testamentseröffnung bestätigte die Stiftung an die Stadt.

Bis seine Urne da war, wurde es noch einmal bitter kalt. Auch zogen dunkle Wolken auf.
Deshalb wurden die ganzen Trauerreden im Anschluss an den Trauergottesdienst in der Kirche gehalten. Während dessen fiel draußen Regen auf den gefrorenen Boden.

Dann formierte sich der Trauerzug.
Voraus seine Skatbrüder mit der Urne, danach der Pfarrer mit seinen Ministranten, der Bürgermeister, die Stadträte und weitere hochgestellte Persönlichkeiten, die Musikkapelle und dann die weiteren Trauergäste.

Auf dem weiten Weg zum Friedhof wurden die Straßen und Gehwege immer rutschiger. Als schon einige auf dem glitschigen nassen Eis ausgerutscht und gefallen waren, kam Unruhe auf.

Doch plötzlich war der Weg gestreut.
„Schön, dass die Stadt da schon gestreut hat," wurde allgemein gelobt. Darüber konnten die Skatbrüder nur schmunzeln und meinten um Ernsthaftigkeit bemüht:
„Da hat uns der Herr Apotheker auf seinem letzten Weg noch einen guten Dienst erwiesen."

Der Friedhofswärter und seine Helferinnen hatten, von da ab von der Stadt, die Aufgabe das Urnengrab es Herrn Apotheker sauber zu halten. Als sie die Urne anhoben, um auch den Staub daneben zu entfernen, wunderten sie sich über deren Leichtigkeit. Der sofort informierte Bürgermeister entsetzt: *„Wo ist die Asche des Mäzens?"*
Aber das war wohl alles nur ein Missverständnis:
Als der Bürgermeister und die alarmierten Skatbrüder im Friedhof ankamen, fanden sie zu ihrer Überraschung, eine schwer mit Asche gefüllte Urne.

Nomen est Omen

Der Französische König Ludwig XIV. bezweifelte die Loyalität der Calvinisten und Waldenser. Ab 1680 ließ er die Freizügigkeit 'der Falschgläubigen' bei der Religionsausübung und der Berufswahl immer mehr einschränken. Das Edikt von Fontainebleau vom 18.10.1685 verschärfte diese Maßnahmen drastisch. Von da ab mussten 'Falschgläubige' sogar Maßnahmen erdulden, wie die dauerhafte Einquartierung von Dragonern, wie sie sonst nur Steuersündern drohte.

„Ein Calvinist beherbergte ruhig und freundlich mehrere Kürassiere. Zu deren Erstaunen verpflegte er sie nach ihrem Gusto vortrefflich.
Dabei versicherte er ihnen stets, dass sein Gut und Leben dem König, sein Gewissen aber Gott gehöre."

Viele schworen kurzerhand vom 'falschen Glauben' ab, um einer Einquartierung zu entgehen. Viele derer, die über Frankfurt am Main flüchteten, findet man heute namentlich auf den Frankfurter Unterstützungslisten. Wer sich über die Schweiz oder das Elsass nach Süddeutschland durchschlug, war fast ganz auf sich allein gestellt. Dies umso mehr, wenn man ein *Exulant* war: *Exulanten* wurden von ihren protestantischen Glaubensbrüdern scheel angesehen. Georges Vorfahr war angeblich solch ein Hugenotte, welcher der *Dragonade* durch *L'abjuration* entging. [31]

Trotzdem wanderte er aus.
Auch in den Markgrafschaften Brandenburg-Bayreuth und Brandenburg-Ansbach wurden *Exulanten* misstrauisch beäugt.

---

31 Die sogenannten Exulanten vermieden eine längere Einquartierung von Dragonern durch das Abschwören von ihrem Glauben.

Dementsprechend reagierten auch die fünf Kaufmannsfamilien, die alle aus Vitry-le-Francois stammten. 1810 verlor diese hugenottische Gemeinde ihre letzten Privilegien, die ihnen Markgraf Christian Ernst 1685 gewährt hatte. Die Markgrafschaften Brandenburg-Bayreuth und Brandenburg-Ansbach wurden bayrisch. [32]
Georges Vorfahren zogen ins Württembergische.

Die Zahl der Eheschließungen zwischen Deutschen und Hugenotten nahmen zu. Beim Heiraten achteten die Calvinisten auf Persönlichkeit. Meist bestimmten dann die Frauen die Religionszugehörigkeit der Kinder.
Egal wo sie waren, sie handelten stets nach dem Grundsatz:

„ *Fais ce que dois, advienne que pourra.* "
„Tue recht und scheue niemand."

Ihr selbstbewusstes Auftreten fiel immer wieder auf und gefiel nicht Jedem.

Trotz all der bitteren Erfahrungen bekamen die Kinder, nahezu alle ohne Ausnahme, französische Vornamen.
So kamen Georges und auch sein Sohn Paul zu ihren französischen Vornamen.
Paul, Leonies Mann aus dem Donautal, mit seinen französischen Vor- und Nachnamen, ist ein Nachfahre dieser Hugenotten.

---

32 Schanz: Zur Geschichte der Colonisation und Industrie in Franken, Erlangen 1884, Band I, S. 96 ff Yardeni, Refuge und Integration, von Thadden/Magdelaine, Die Hugenotten 1685-1985, S. 159

Georges Reisen

Ach waren das noch Zeiten, als man einfach so verreisen konnte. Mit meinen zwei Impfungen im Sommer 2020 durfte ich gerade noch so meinen Bedarf an Kleidung und Schuhen decken. Seit ich weiß, dass ich schwanger bin, meide ich Ansammlungen von Personen noch mehr als vorher.
Außerdem möchte ich derzeit keine weitere Impfung. Wer weiß, ob es meinen Zwei in meinem Bauch schadet?

Wieder ist ein Manuskript aus dem Donautal bei mir angekommen. Georges, der Berufsschullehrer, der Bäckermeister und vorher schon Lehrer war, hat als Vereinsvorsitzender Reisen geplant und begleitet.

Gemeinsam haben sie die nähere und fernere Umgebung 'unsicher gemacht'. Reiseziele waren beispielsweise das Elsass, das Moseltal mit Trier und Luxemburg, der Rhein, das Maintal, der Harz, Sachsen, das Erzgebirge, Österreich vom Neusiedler See über Kärnten einschließlich dem Vorarlberg-Gebiet, der Schweiz und Italien bis Verona.

Da die Anfahrt und die Rückfahrt meist etwas länger dauerte hat Georges auch für Unterhaltung gesorgt.

Heho, wir fahren raus!
Heho, wir fahren raus!
Steigt ein, Ihr Leut', wir fahren heut'
das Fahren, ja, das macht uns Freud'
Heho, wir fahren raus!

Heho, wir fahren raus!
Heho, wir fahren raus!
Das Wetter ist uns ganz egal,

wir reisen heut' in jedem Fall.
Heho, wir fahren raus!

Heho, wir fahren raus!
Heho, wir fahren raus!
Kommt mit, der Fahrer wartet schon,
Steigt ein der Bus, der wartet schon.
Heho, wir fahren raus! [33]

Legendär waren die Ausfahrten in Weingebiete.

An eine Mosel-Fahrt erinnerten sich die Teilnehmer noch jahrelang gerne.

Die Winzer hatten die Teilnehmer auf zwei Fuhrwerke gepackt und zeigten ihnen ihre Weinberge unter dem Flugplatz auf der Hochfläche. Der Himmel war blau, die Sonne schien. Wegen dem leichten Wind war die Temperatur in den Weinbergen angenehm.

Die Winzer-Genossenschaft hatte ihre Gäste mit je einer Flasche Wein der entsprechenden Lage versorgt.
Bei jeder Lage gab es einen Halt und je ein Schlückchen Wein wurde ausgeschenkt.

Georges Frau weiß noch genau, wie der Busfahrer Andreas ihren Mann immer wieder mit einem kritischen Blick gestreift hat.
Denn Georges begann spontan :

Moselwein das muss sein,
nichts mehr andres geht mehr rein.
Moselwein, das muss sein!

33 Vergleiche hierzu: https://www.songtexte.com/songtext/vicky-leandros/theo-wir-fahrn-nach-lodz-23c2587b.html

Moselwein das muss sein,
nichts mehr andres geht mehr rein.
Moselwein, das muss sein!

Nach und nach stimmten immer mehr in diesen Sprechgesang ein. Sie behielten das selbst auf dem Weg durchs Winzerdorf bei.

Statt leiser wurden sie lauter, wenn sie Passanten sahen und ergötzten sich an deren verdutzten Gesichtern.

Das Ganze war den ausführenden Winzern sicherlich genauso unheimlich wie dem armen Chemie-Lehrer in der Feuerzangenbowle: Wie kann das sein?

Oh, ja. Dieser Wein war wirklich gut.
Er ging ins Blut, verlieh eine angenehme Heiterkeit, hinterließ dennoch weder Kater noch Kopfweh.

Dumm nur, dass die guten Winzer-Genossen vergaßen noch vor Ort ihren guten Wein zu verkaufen und ihre Prospekte mitzugeben...

Oh Georges! Ich kann mir Dein verschmitztes Gesicht dabei so richtig vorstellen.

Der Slogan *„Wir können alles. Außer Hochdeutsch."* wurde zuerst dem Land Sachsen angeboten.
Ab November 1999 war es der Werbeslogan für Baden-Württemberg. Es ist inzwischen der bekannteste Slogan der Bundesländer.

Selbstverständlich musste mancher Schwabe hören, dass es nun allgemein bekannt sei, dass ein Schwabe kein Hochdeutsch könne. Wenn es jemand damit zu bunt trieb, erfuhr er von Georges:

„Wer gscheit isch ka sich domm stella.
Umkehrt isch s deitlich schwieriger." [34]

Im Oktober 2021 wurde der Slogan durch die Kampagne „THE LäND" abgelöst.
Diese neue Sympathieoffensive Baden-Württembergs kostete nach Angaben des Staatsministeriums bereits schon 21 Millionen Euro.

Das hat einige sparsame Schwaben auf der Alb anscheinend so aufgebracht, dass sie ihre eigene Werbekampagne „THE DöRF" starteten.
Sie kostete gemäß den Angaben dieser wackeren Dörfler lediglich 21 Euro...

Und seit der grüne Landesvater von Energie-sparenden Waschlappen schwärmt, bezeichnen manch Boshäftige Baden-Württemberg nun trotzig als 'Lapp-Länd'.

---

34 Wer klug ist, kann sich dumm stellen.
Umgekehrt ist es deutlich schwieriger!

Was gab es denn heute ?

„Was gab es denn heute zum Mittagessen?"
„Bratwürst mit Kartoffelsalat."

„Nur Bratwürste?"
„Du i muaß d'r fei' saga des war guat. Und d'rnach gab's no an Obstsalat."

„Das ist doch nichts Besonderes!"
„Du die Bratwürst waren fei guat. Und der Kartoffelsalat. So ebbas guats."

„Was soll da besonders sein?"
„Der Kartoffelsalat, der war so richtig schlonzig."

„Schlunzig? Hab ich noch nie gehört."
„Ja schlonzig. So richtig guat schlonzig mit Essig und Öl."

„Ah, der schwamm."
„Noi. Schlonzig halt."

„Wässrig?"
„Noi. Schlonzig mit Essig und Öl."

„Nass?"
„Noi. Grad mit so viel Öl, dass er so richtig rutscht."

„Schlüpfrig?"
„Noi. Schlonzig halt. Loffig."

„Läufig?"
„Noi. Schlonzig. A guater Kartoffelsalat isch schlonzig."

Ein Lob der Sieglinde

Ein Lob der Sieglinde,
ich hoffe, dass ich die richtigen Worte finde:
Sie ist fast nie krank. Das weiß jeder der sie kennt:
Gegen die meisten Viren ist sie resistent.

Ihre Blüten sind meist weiß.
Sie ist früh reif, lang-oval, fest mit gelbem Fleisch.
Beim Kochen altbewährt: Im Geschmack würzig, fein;
dauert es ihr etwas zu lang,
kann sie auch leicht speckig sein.

Sie ist eine Tolle.
Ich mache ihr diese Liebeserklärung, weil ich sie mag:
sie ist die allerbeste – Knolle,
für den Kartoffelsalat. [35]

---

35 Sieglinde ist eine seit 1935 angebaute, früh reifende Kartoffelsorte mit lang-ovalen bis langen Knollen mit gelbem, festkochendem Fleisch. Eine Jury aus Umwelt-, Verbraucher- und Bauernverbänden zeichnete sie als Kartoffelsorte des Jahres 2010 aus.

Der Werbe-Blocker

Werbeanrufe für dies und das können lästig sein.
„Geht man darauf ein, dann hat man plötzlich laufend Kosten für Krimskrams das letztendlich für die Bäckerei und auch privat wenig bringt."

Meist oblag es Georges Werbeanrufe abzuwimmeln:

„Sie wissen ja schon, in welcher Gegend Sie anrufen," fragte Georges dann oft treuherzig.
„Ja. In Schwaben."

„Richtig. Und wissen Sie auch, was das bedeutet?"
„Es ist bekannt, dass die armen Schwaben ja jeden Pfennig mindestens zwei Mal umdrehen. Aber trotzdem..."

„Ihr habt ja keine Ahnung. Wir sind die Erfinder des Kupferdrahts mit Eisenkern."

„Wie das?"
„Wir Schwaben haben den Pfennig so lange umgedreht, nochmals umgedreht und nochmals gedreht bis daraus ein sehr dünner Kupferdraht mit Eisenkern wurde."

Wenn die Anrufenden dann immer noch ihr Produkt anbringen wollten und meinten:
„Wie kann man nur soo geizig sein?"
Dann erwiderte Georges:
„Wir Schwaben sind wegen übermäßigem Geiz ausgewiesene Schotten. Haben Sie das nicht gewusst?"

„Nein."
„Sehet se. Mir brauchet und kaufet nix. Mir hend alles."

Ruhestand?

Was macht denn der Vorstand, der alte, im Ruhestand?
Manch einer schaut Georges an und fragt sich dann:
Was macht denn der Mann?
Der Vorstand der alte?
Der hat doch nichts mehr zu tun.

„Auch wenn ich keine Reden mehr halte,
mir bleibt wenig Zeit mich auszuruhn."

Ich bin froh, dass ihr mir den Ausstieg ermöglicht habt.
Denn, was hatten wir alles gehabt:
Ausflüge, darunter das Altmühltal und Brombachsee,
Volkach am Main,
Bozen, Verona und dann musste im Herbst noch
dringend eine Besenfahrt sein.

Nun betreibe ich woanders Sozialarbeit:
Ihr glaubt nicht, wie das meine Enkel freut.
Ich habe nun Zeit manches zu lesen
und mach Anderes für das seither keine Zeit gewesen.
Auch habe ich mehr Sport getrieben,
und so nebenbei meine 'Memoiren' geschrieben.

Ich schau mir Eure Vorstandsarbeit an.
So manches hätte ich so, oder anders getan.
Aber ich schweig fein still,   weil ich will,
dass Ihr selbst die Zukunft gestaltet
und in Eurem Sinne verwaltet.

Und ansonsten, meine Frau weiß es ganz genau:
„Georges findet immer etwas zu tun.
Ihm bleibt wenig Zeit sich auszuruhn."

COSIMA CARL
Das Tagebuch der Cosima C. - Band 6
Die Zuversicht -
Mein privates Zeit-Dokument

COSIMA CARL

Das Tagebuch der Cosima C.
Band 1 ...

Erzählende Literatur: Gegenwartsliteratur

- **Spannung**
- **Junge Erwachsene**

1.	Die junge Angestellte	ISBN 9789463987691
2.	Die junge Mutter	ISBN 9789403600994
3.	Eine neue Generation	ISBN 9789403600994
4.	Der Schwarze Schwan	ISBN 9789403637143
5.	Die Hoffnung	ISBN 9789403640013
6.	Die Zuversicht 2021/22	ISBN 9789403653990

Was sagen Andere:
Das Tagebuch der Cosima C.
hat etwas Besonderes, Urtümliches gepaart mit einer faszinierenden Erzählweise.

Eine spannende und zu Herzen gehende dramatische Liebes- und Familiengeschichte.

Cosima Carl :

Georges, der Bäcker, der ein Lehrer war

ISBN 9789403677583

Cosima Carl :

Georges, der Bäcker, der ein Lehrer war

An was sich Georges
mit seinen bald über 75 Jahren erinnert.

Erzählende Literatur:
Gegenwartsliteratur 1944 - heute

- Spannung
- Junge Erwachsene

ISBN 9789403677583